余命半年の中国・韓国経済

制御不能の金融危機が始まる

宮崎正弘

ビジネス社

プロローグ　中国と韓国経済の崩壊は秒読み

あのソロスさえも、「反中」はアメリカの総意

米国の野党、民主党の熱烈な支持者として知られ、政治思想では極左リベラル派の頭目、反トランプの急先鋒《きゅうせんぽう》として発言を繰り返す世界一の投機家、ジョージ・ソロスが恒例のダボス会議に乗り込んで衝撃的なスピーチをなした。

二〇一九年一月二十四日の分科会と引き続いてメディア関係者との夕食懇談会で、ソロスは中国に対して驚くべき批判を繰り出したのだ。

「習近平《しゅうきんぺい》は自由社会に対する最も危険な敵だ」

なぜなら「習近平は富裕で、強力で、しかもハイテクの進歩が著しい中国のトップにあり、国民をデジタルシステムで管理し、支配しており、やがて人間の支配者になろうとしているからだ」。

AI（人工知能）とビッグデータで米国と覇権を競う中国の顔認証技術は交通警察官か

ら競技場の警備員のサングラスにも装填《そうてん》されている。一四億人のスキャンリサーチが可能な段階まで発展しており、確度は九九・八%と評価される。

この顔面認証をビッグデータに繋《つな》げるテクノロジーは米国を凌《しの》いだ。西側、とくに日本がそうだが、プライバシー尊重があるので、個人情報を使うには制限がかかるからだ。

江西《こうせい》省南昌《なんしょう》市で六万人が参加した音楽フェスティバルの会場の防犯カメラから、AI搭載の警備員たちのサングラスに連動し、なんと指名手配者を三十数名も割り出して逮捕した。

貴州《きしゅう》省貴陽《きよう》市では街に設置された防犯カメラと顔認証システムの結合によってBBC記者を発見し、わずか七分で拘束した（これは当局とBBCが事前打ち合わせをしての実験だった）。

ことほど左様に中国ではビッグデータによってプライバシーが権力側に筒抜け。個人メール、クレジットカードの消費履歴や金額、ファイナンスなどが把握されている。まさに国民をデジタル監視制度で支配している。ドイツの社会学者へイルマンが定義したように中国は「デジタル・レーニン主義」の全体主義国家となった。

ジョージ・ソロスはハンガリーから英国へ亡命したユダヤ人で、それだけに全体主義への嫌悪は凄《すさ》まじいものがある。

ソロスは「自由、民主、法治、人権」という重要な価値観を世界に拡げようとして自費を投じて「オープン・ソサイアティ」財団を旧東欧、旧ソ連各国に設置しプーチンとも対立してきた。近年はウクライナの反ロシア運動で陰の黒幕となっていた。

青年期はロンドンのザ・シティで使い走りから身を起こし、経済の現場で株取引の遣り方を学び、独自の方法論を確立した。彼には本能的な触覚があるらしく、設立したクオンタムファンドは年率二四%の高配当を記録した。さらに英国ポンドに挑戦して一晩で一〇億ドルを稼ぎ出したという伝説の投機家となった。

しかし米国でソロスの評価はと言えば、あまりのリベラル思想と、見え透いたフィランソロフィ（社会奉仕、慈善活動）を偽善とみて不快感を示す向きも多く、共和党支持の右派からは蛇蝎《だかつ》の如く嫌われていた。NYの別邸に爆発物を送られたこともあった。

そのソロスがトランプよりも強硬に「反中」の政治姿勢を明確にしたことは、全米がいま反中国合唱のピークにあるという何よりも証拠である。

異変、中国国内でも習近平批判

中国国内でも習近平批判が起きた。

鄧小平《とうしょうへい》の長男の共産党批判に続いて胡徳平《ことくへい》（胡耀邦《こようほう》の息子）が党の硬直路線を舌鋒《ぜっぽう》鋭く批判し、「このままでは中国は死を迎えたソ連と同じ運命をたどる」と講演していたことが分かった。

一月中旬に北京で開催された経済セミナーで講演に立った胡徳平が「このまま政治改革を怠り、民間の経済活動の活性化を促す政策に転じなければ、中国はいずれソ連がたどった死の道を選ぶことになるだろう」と私見を述べたのだ（二〇一九年一月十八日付「サウスチャイナ・モーニング・ポスト」）。

父親の胡耀邦は改革派の旗手だった。依然として国民の間には絶大な人気を誇り、江西省共青城《きょうせいじょう》市郊外にある、宏大な胡耀邦墓園は享年七三歳を象徴して、七三段の階段回廊、追悼の石碑は七三トンのセメントを使った。大きな花輪が絶えないが、ときに改革の声が湧き上がる政治的タイミングがくると、全国から競うように要人が詣《もう》でて名入りの花輪をおいてゆく。墓園の庭園には中曽根元首相が揮毫《きごう》した石碑も置かれている。

その息子の胡徳平、いまや七六歳の老齢に達した。全国政治協商会議幹部としてあちこちを飛び回っている。知日派でもあり二〇一四年四月には極秘来日して安倍首相と懇談したこともある。しかし日本のメディアが期待するようなリベラル派ではなく根っからの共産主義者には変わりがない。

昨秋（二〇一八年）にも鄧小平の長男、鄧樸方《とうぼくほう》（中国身障者連合会主席）氏が年次大会で講演し、「中国は身のほどを知るべきだ」と、暗に習近平の遣り方を批判した。二月に死去した毛沢東《もうたくとう》の秘書・李鋭《りえい》にいたっては「習近平は小学生のレベル」とチンピラ扱いの苦言を呈していた。この三月の全人代の舞台裏では習近平批判が渦《うず》まいた。

ことほど左様にかつての中国共産党大幹部の息子や秘書たちが国内知識人の不満を代弁している構図が浮かび上がってくる。つまり習近平国家主席の権力は磐石ではなく、泥沼に立った塔のように崩れやすい状況にある。

中国経済破綻に巻き込まれる世界と日本

米中貿易戦争の嵐は世界経済にＴＵＮＡＭＩをもたらした。とくに中国経済の挫折ぶりが顕著である。

日本経済にも予期せぬ方向からの暗雲が拡がり、凄まじい勢いで景気が悪化している。そして米国も悪化の兆しが出た。中国経済の破綻《はたん》に巻き込まれたからだ。

二〇一九年一月三十日、米連邦準備制度（ＦＲＢ）は、金利据え置きを決定し、市場はとりあえずの落ち着きを見せた。実はＦＲＢの利上げに対しての反対圧力はトランプ大統領ばかりか、ウォール街も露骨に反対してきた。理由は利上げはドルのアメリカへの環流を招来し、ドル高となるが、反面、発展途上国は通貨安に見舞われる。とりわけ中国はドル資金の枯渇から株安になる。これは金融恐慌を招来しかねないとしてケネス・ロゴフ（ハーバード大学教授）などの経済学者も強く反対していた。

中国人民銀行（中央銀行）は、ドルの裏付けのない人民元をじゃかすかと印刷しているが、産経新聞の田村秀男氏の試算によれば「外貨資産の六四％しかドルの裏付けがない」という寒々しい状態、暴落前夜の様相になってきた。つまり残りの三六％は通貨の垂れ流しをしていることになり、この意味するところは人民元の大暴落である。

にもかかわらず中国は外国の金融機関からドルを借り入れている。中国人民銀行が一兆一〇〇〇億ドルを保有すると豪語する米国国債は実質的に担保であり、外貨準備高はマイナスに転落している。それが中国発の金融恐慌に繋がる怖れが高いと市場は読んでいる。

世界の銀行のデータの精密な統計をとり、確度高い数字情報を出すＧＦＩ（グローバル・ファイナンシャル・インタグリティ）は、「海外流出の不正資金調査」の最新統計データを更新した。

ワースト一位は言及するまでもなく中国である。二〇〇六年から一五年までの一〇年間に、二二二〇億ドルの巨額が海外へ流失した。この一覧ではロシアなどのほかに四二九億ドルがメキシコから、三三七億ドルがマレーシアから流れ出た。意外な国はバングラデシュだった。同期に八一七億四〇〇〇万ドルが不法に海外に流出したことが分かった。

世界経済の悪化の元凶は中国だが、この中国の経済構造にビルト・インされたシステムの下で成長してきたアジア諸国が軒並み不況ムードに蔽《おお》われた。

日本経済も例外ではない。そして韓国も台湾も。トヨタ、日産、ホンダなどの自動車産業ばかりでなく中国が国家の総力を挙げて挑む電気自動車（ＥＶ）や自動運転技術では、リチウム電池やＡＩ共同開発に乗り出したパナソニックなども悪影響が出た。

「アップル・ショック」に悲鳴を挙げるスマホ業界

昨師走から轟然《ごうぜん》と不況の音響を鳴り響かせているのはスマホ業界だろう。

「アップル・ショック」というのは二〇一九年一月四日、ティム・クックＣＥＯ（最高経営責任者）が「中国でのスマホの売り上げが一〇％落ち込んだ」と発表し、直後に同社株価は九・二二％の大下落、半年で三五％強も下げた。

このためアップルばかりかスマホ関連企業が悲鳴を挙げた。とくに香港株式は一〇％の下落となり、日本でも部品、ＩＣなどを供給している多くのメーカーの株価が五〜八％も下がった。目立った下げが日本電産、京セラ、村田製作所などだったことは投資家ならずとも周知の事実だろう。実に日本企業の八〇社はファーウェイに中枢部品を供給しているからだ。

台湾が本社の「鴻海精密工業」（FOXCOM）は中国河南《かなん》省鄭州《ていしゅう》の工場で五万人をレイオフし、代替工場をインドに移転して稼働すると発表した。こうなると大量失業の発生であり景気後退というより、状況はもっと悪い。

典型が中国の就職戦線の状況である。ハイテク技能を持つ理工系ですら、応募倍率が三二倍という難関になり、これまで会社を移るたびに給与を増やしてきた「トラバーユ・ジャンプ組」も「向こう十年はいまの会社にしがみつく」と言う。リクルート代理店、人材スカウト会社も閑古鳥である。

ある有力なコンピュータ企業は二〇一八年八月まで毎月、技能者を八人平均で雇用し、輝かしい未来を約束されたかに見えたが、十二月に突然半分の社員が解雇された。

華字紙が大きく報じた事例はベンチャーの「マインドレィ社」（本社深圳《しんせん》、従業員七〇〇〇名、NY上場の優良企業）の新卒内定者取り消しというショックだった。

このマインドレィ社は急成長を続けてきたため二〇一七年には四三〇名の新規採用があった。一八年には中国全土五〇の大学から成績優秀の理工系学生四八五名を採用した。ところが昨師走になって、このうち の二五四名を内定取り消し、補償金として約束した給与の三分の一を支払うとした。若者たちの未来は真っ暗、この先、どうなるのか？

夥《おびただ》しい不況の典型は「起業の華」と喧伝《けんでん》されたベンチャー・キャピタルで、二〇一八年の年初と比較して第3四半期には二五％の激減ぶりとなった。例えばバイクレンタルのベンチャー・ビジネスは五〇都市で派手な営業を展開したが倒産が目立ち、一四〇〇万人のユーザーが保証金を返せと訴えている。とりわけ厳しい環境に転落したのはアリババ、バイドゥ（百度）と並ぶ御三家のテンセントに代表されるゲームソフトのベンチャーだった。カジノ・ゲーム開発ベンチャーなど三〇％の落ち込みとなった。

同様に韓国の落ち込みは予想より悪化しており、スマホ関連ばかりか半導体大手のサムスンもSKもLGも青息吐息、ところが経済の沈没をよそに日本に対して悪罵《あくば》の限りを尽くしているため日韓関係も壊れた。米国は韓国の極左政権に愛想を尽かしており、ハリー・ハリス駐韓大使などは「米韓条約を当然視するな」と韓国に諫言《かんげん》を繰り返した。

韓国による日韓関係の悪化を米国議会が懸念

韓国で「反日暴言」の大暴走を続けるのが憲政上トップにある国会議長の文喜相《ムンヒサン》であ

る。「理性の府」と言われる国会の議長が文在寅《ムンジェイン》大統領に代わって暴言を繰り返すのだから始末に負えない。

日本の反論には一切耳を貸さず、誠意の欠片もなく、「天皇（原文は日王）の謝罪要求」発言を「謝罪するつもりはないし、そうすることでもない」と韓国メディアのインタビューに答える文喜相議長は、「日本政府と一部国民は、月を見ずに指ばかり見て話をしているようだ。韓日間の歴史問題に関してきちんと和解するには、日本を代表する首相や国王の真摯《しんし》な措置が必要だ」とし、続けて河野太郎外相に対して「父親とはまったく違う。理解しがたい。私も言いたいことはいろいろある」と言った（河野太郎外相の父親は従軍慰安婦強制動員問題を認めて謝罪した「河野談話」の河野洋平元官房長官。日本の保守派からも「売国奴」と言われる）。

反日暴言はさらにエスカレートして、「鳩山が土下座したように、日王は土下座せよ」。あまりのレベルの低さと乱暴な語彙《ごい》に日本側は反論すること自体が馬鹿馬鹿しいと認識するようになった。

日韓関係の悪化を懸念する声が米国議会に起きた。

二月十一日、米議会上院外交委員会のテッド・クルーズ議員（一六年にトランプと予備選を競った大物議員で、テキサス州選出。共和党）とロバート・メネンデス議員（民主党）

は、ポンペオ国務長官に書簡を送り、韓国と北朝鮮の経済協力に最も厳しい警告を発した。

第一に文在寅大統領と康京和《カンギョンファ》外相を名指しして批判したのである。

米国の対北朝鮮制裁関連法に違反していると指摘し、クルーズ議員らは「文大統領は昨年九月の南北首脳会談の際、複数の韓国企業トップを同行させ、開城《ケソン》工業団地と金剛山《クムガンサン》観光の正常化や年内の南北鉄道連結などについて話し合った」。また「文大統領は南北による共同宣言のなかで、黄海経済共同特区と日本海観光共同特区に合意した」と指摘し、あまつさえ、文大統領が英国、フランス、欧州連合（ＥＵ）に対して北朝鮮制裁の緩和を求めた事実や、康外相が開城工団に現金ではなく現物を持ち込む方策を検討中と発言した点にも言及した。

第二に韓国の銀行や企業による制裁違反だ。クルーズ議員は「韓国の銀行や企業が制裁に直面する潜在的なリスクがあり、韓国の複数の銀行が北朝鮮へ投資を目的とする部署を立ち上げた。一八年九月の南北首脳会談に複数の韓国大手企業トップが同行した」ことを指摘した。そのうえで、「北朝鮮に対する制裁の権限は米議会にある」、なぜなら二〇一六年にすでに成立した「対北朝鮮制裁増進法」に加えて、独自制裁を定めた六つの法律が米国にあり、そのうえで「国連安保理による対北朝鮮制裁決議」があるからだ。

同時に米議会超党派議員らは、日韓関係の悪化に懸念を表明し、「火器管制レーダーの照射問題によって生じている日韓関係改善のため、日米韓国三カ国の連携強化」を謳《うた》った。

小野寺五典《いつのり》元防衛大臣などは「韓国と同じ土俵で戦うのではなく、丁寧に無視するべきだ」と発言し、むしろ国際世論に訴えるべきとしているが、これが日本の政官界の平均的意見である。

米国では軍人の発言も目立った。北朝鮮は核兵器の保有を増やしているが、「放棄の可能性は低い」と言うのが国防総省（ペンタゴン）の見解であり、米インド太平洋のデービッドソン司令官、エイブラムズ在韓米軍司令官などは「非核化の意思を示す証拠を一切提示していない」として、警戒を強めている。

ところが韓国内では、これほどの北朝鮮の軍事的脅威を前にしても、その事実を伝えない左翼政権の政治宣伝が効果を挙げており、例えば小・中・高校生を対象とした意識調査で「北朝鮮は敵か？」という質問に対して「そうだ」と回答した者が四一％から五％に激減していたことが分かった。また日韓関係険悪化の空気をよこに置いて、夥しい韓国の学生が日本企業に就職を希望している矛盾がある。韓国政府と韓国の若者との間に認識のずれが著しいことも明らかとなった。ともかく韓国経済は政治的混乱によっても救いのない状況に陥った。

以下、本書で縷々《るる》説明するように、中国経済の破綻は秒読み、連鎖で韓国経済も沈没間近となった。その時刻表《タイムテーブル》が透けて見えるようになった。
日本経済はTUNAMIを蒙《こうむ》ることになるが、そのときの備えはできているのか？

余命半年の中国・韓国経済

制御不能の金融危機が始まる

第二章 トランプ「新ココム」発動で中国排除に出る世界

第三章　アジア「反中ドミノ」にのたうつ巨竜《ドラゴン》

第六章 石油リッチの中東も、資源リッチのアフリカも落ちた「中国の罠」

第一章 いま世界で本当は何が起きているのか

歴史的な地殻変動が始まった

地球的規模で異変が次々と起きている。

米国が従来の対中政策を百八十度変えて、事実上の中国封じ込めに転じ、この道筋を英国、ドイツ、フランスが追いかけ大英連邦傘下のカナダ、オーストラリア（豪州）、ニュージーランド（NZ）も中国排除を明瞭《めいりょう》にした。日本も西側の主流の流れには乗らざるを得ない。

李克強《りこくきょう》首相は二〇一九年一月十六日に「中国経済への圧力が強まっている。一九年は苦境に備える必要がある」とコメントし、「公共サービスやインフラへの投資を拡大し、消費拡大を目指す」と改善策を発表しながらもその苦境を滲《にじ》ませた。

一月十六日、中国人民銀行（中央銀行）は景気浮揚の追加策として、市場に八三〇億ドル（九兆円強）をぶち込むと発表した。主として企業のレイオフ（一時解雇）をゼロとする施策が目標とされ、二〇一八年に支払った失業保険の損失をカバーすることが目的に含まれる。景気浮揚というより、経済困窮化の救済策である。

その前の一月四日にも中国人民銀行は市場流動性を高めるために二二兆円を融資目的でぶち込むと発表したばかり。銀行の預金準備率を一％引き下げ、市場に流動性をもたらすとしていた。しかし直後に中国最大の民間ファンド「中民投」が社債デフォルト。

高度成長が終わりを告げ、経済が衰退期に直面していることを中国の為政者は深刻に認識しているのである。

「過去半世紀に亘《わた》って、三つのイノベーションがアメリカ経済の世界的な優位をもたらしてきた。コンピュータ、マイクロチップ、そしてインターネットである。これらへの開発、研究、そして投資は政府とアカデミズムと民間企業という『創造のトライアングル』が円滑化したことによって米国経済の繁栄が可能だった」（『TIME』、二〇一九年一月十四日号）。

アメリカがそうであるとすれば、「中国は、『盗取、剽窃《ひょうせつ》、模倣』を旨として、投資は『政府』という名前の党が、国有企業と紐《ひも》付きの研究機関、そして学者を組ませ、『経済改革』と称する経済成長が可能だった」ということにならないか。

中国の国内総生産（ＧＤＰ）の公表数字はインチキ、本当は一・六七％でしかないことは北京人民大学の国際通貨研究所副所長が暴露した。

地方政府のＧＤＰ報告は平均で三〇％水増しされていた。「日本の三倍」と豪語している中国の実態は、ＧＤＰはせいぜい一〇〇〇兆円程度、日本のＧＤＰの一・八倍前後だろう。

「息切れ」はとうに確認されており、過去数年は数字を大胆に誤魔化《ごまか》し、国有企業の救援策を優先し、税法上の梃子《てこ》入れをなし、在庫と失業処理のため「一帯一路」で海外にゴミを輸出してきた。その数字、データの誤魔化しも限界に達し、実態が透けて見えるようになった。

国有企業の資金繰りができなくなり、大量の失業者が街に溢《あふ》れ、物価は上昇し、政府への不満は高まる。そのうえ不動産が暴落気配、株暴落、人民元安が追い打ちをかける。上海に住む日本人の情報ではとうとう上海の高級住宅地のマンションが値崩れを起こし、三〇％引きでも買い手がない状態だという（一九年二月初旬）。

デベロッパーの倒産が顕著となり、銀行は貸し剥がしに走り、ローンを組んだ中産階級は泣くに泣けない。

「灰色のサイ（過剰債務）」問題が表面化した

「灰色のサイ」とは過剰債務問題をいまの中国では意味する。

習近平国家主席は「黒の白鳥も、灰色のサイ」にも気をつけようと演説したためメディアが大きく報じる。中国の過剰債務問題だが、かねてから筆者はウォール街の債権専門家などの数字をもとに、おそらく「中国の債務は三七〇〇兆円前後だろう」と見積もってきた。二〇一八年八月のＢＩＳ（国際決済銀行）統計で、中国の過剰債務は二二〇兆元（約三七四〇兆円）。奇しくも同じ数字をＢＩＳが用いていることが分かった。

この状況下にまだ中国が発展すると踏んで投資を増やす日本企業がある。狂気の沙汰《さた》ではないのか。しかも、親中派の代表的日本企業とされる伊藤忠の社員がスパイ容疑だとイチャモンをつけられ一年以上も中国の公安当局から拘束されていることが判明した。

中国国家統計局の失業率は四・九％と公表されている。誰が信じるのだろうか？

地域的に失業率は二〇％を確実に越えている。習近平国家主席の子飼い、陳敏爾《ちんびんじ》が党書記を務めるのが重慶《じゅうけい》市。かつては蒋介石《しょうかいせき》政権の臨時首都でもあり、内陸の要衝。重工業が栄えた。長江《ちょうこう》（揚子江《ようすこう》）に面し、運送の利便性が経済成長をもたらした。

そこで胡錦濤《こきんとう》時代にライジングスターと言われた薄熙来《はくきらい》が重慶市の党書記に就任し、「革命歌を謳おう」「黒（マフィア）を追放しよう」と呼びかけ、ギャング退治で勇名を馳《は》せた王立軍《おうりつぐん》を遼寧《りょうねい》省から呼び寄せ、副市長兼公安部長としてマフィアを次々と逮捕した。これで薄は全国的に注目されて、習近平最大のライバルともなった。しかし薄夫人の谷開来《こくかいらい》が息子の家庭教師だった英国人を殺害した事件がばれ、薄夫妻は失脚、王立軍は直前に成都《せいと》の米国領事館に駆け込んで亡命を希望したのだが、オバマ大統領は北京の顔色を伺うばかりで、王立軍を見殺しにした。薄失脚の後を襲ったのは共青団のホープの一人だった孫政才《そんせいさい》だった。しかし汚職の嫌疑（おそらく冤罪《えんざい》）をかけられて失脚し、その後釜となったのが習の家来である陳敏爾だった。陳は、その前の赴任地・貴州省で経済政策に辣腕《らつわん》を発揮したとされるが、舞台裏では、習近平国家主席の手厚い支援策があり、中国のシリコンバレーとも言われるほどに貴州省を成長させたと称賛された。

その陳敏爾が重慶の党書記として乗り込んだからには、重慶は十分な政策支援がなされ、全国のモデルとして発展するはずだったのだ。

しかるに重慶市は夥しい失業者で溢れ、求人は三六％ものダウン、それでも市当局は失業率が四・九％と言って開き直る。重慶に合弁自動車工場を持つフォードは従業員一・八万のうちのかなりをレイオフし、多くの社員をパートタイム（臨時雇い）に切り替えた。

重慶市は泥縄式に「求人ファア」を開催したが、出展企業ゼロの異常事態が発生した。

「海亀派(中国人留学生)」でさえ就職難

春節(旧正月)に中国の鉄道、飛行機、長距離バス、そしてハイウェイは未曾有《みぞう》の人混みで大混乱に陥った。その実態はと言えば、例年より早い休暇入り。そして「ゆっくり休養を取れ、連絡するまで上京しなくてもよい」と言われ、給与不払い、当座の旅費だけ支給された。

春節があけて、彼らが職場にもどると、工場は閉鎖されていた。中国ではよくある手口だ(日本に観光に来ている中国人はよほど恵まれた階層である)。一八年上半期だけでの企業倒産は五〇四万社と報じられている。

ビルの建設現場では、労働者に三カ月給与不払いというケースが多く、現場では作業をやめている。工期はベタ遅れ、クレーンは停まり、作業場では残った労働者の座り込み抗議集会、デモが続く。トラックの運転手はウーバーにも職を脅かされ、当該本社前をトラックがぐるぐる廻っての抗議活動。配送の下請けは賃金を受け取るまで「配達はしない」と抗議の声を挙げた。

製造工場では生産ラインが次々と停まり、座り込み抗議集会が全土に拡大した。おおよそ給与不払いが原因であり、経営者は雲隠れ、ビルの屋上から飛び降りてやると抗議する労働者も現れた。悲痛な叫びは、「もう食事代もない」。「故郷の妻子の医療費が払えない」。

こうした風景が中国全土、あちらこちらで見られる。旧正月のお祝いどころではない。解雇された従業員は鴻海精密工業の一〇万人が象徴するように、潜在失業者を含めると、おそらく数千万人単位ではないか。

かように中国で起きている大量失業の実態、おそるべき現実を伝えない。ネット上でも、こうした情報が掲載されるとただちに削除される。ネット情報板のプラットフォームもチャットも無数に禁止され、最近はネットカフェががら空き状態となった。

あまつさえ「金の卵」といわれ、重宝された「海亀派《ハイグイ》」の異変だ。欧米、日本に留学し帰国した若者にも就職難という悪影響が出た。

中国国泰証券の主任エコノミスト、李迅雷《りじんらい》によれば、「過去四〇年で、実に三一三万の中国人留学生が海を渡り、このうちの八四・六％が帰国した」という。

彼らは「海亀」と呼ばれた。産卵のため、古巣へ帰ってくるからだ。ある統計によれば、彼らの平均年収は二万五〇〇〇ドルだったという。外資系企業が彼らを雇用し、その年収に比例して中国国有企業や下請けの賃金体系を外資系が領導した。そうした黄金の時代は終わった。

サムスンも中国工場を閉鎖し始めた

天津《てんしん》を例に取ってみよう。外国企業の天津への投資が未曾有の速度で激減している。二〇一七年に一〇六億ドルだったが、一八年には四八億ドルとなって、どの工場も企業もレイオフを発表した。就職情報はなく、求人ファアに応募する企業がない。代表例となったのが韓国サムスンの半導体工場の閉鎖である。

破竹の進撃を続けてきた韓国経済の華、サムスンはアップルの売り上げ激減のため、撤退を決めたのだ。

「日本企業の新規投資？　そんな話聞いたことがない」と天津の若者が嘆く。

「グレイ・エコノミー」（わけの分からない商売）が、これまでは失業者を吸収してきた。出前の代理配達、通信販売、バイク便、自転車シェア、つまりウーバー・ビジネスだが、これも最近は完全な飽和状態となった。そのうえ当局はグレイ・エコノミー分野にも新しい規制をかけようと動き出した。予測をはるかに超える加速度をつけて中国経済の成長が終わりを告げている。その弔鐘《ちょうどう》の音色が、寂寥《せきりょう》感をともなわず、騒々しいだけが中国的特徴である。

ウォール街の集計では昨師走（二〇一八年）のジャンク債発行は米国企業を抜いて中国企業がトップとなったことが確認されている。ジャンク債とは信用度が低い社債などで、投資家に高金利を謳う。

さらに衝撃的なニュースは一八年十二月の貿易統計速報だった。中国の輸出は四・四％の落ち込み、輸入が七・六％のマイナス、消費の目玉である自動車販売も五・八％減。一八年に中国は二八〇九万台を生産し、二七八一万台を販売したと報じた。

深刻な状況は若人の失業である。大学新卒は八三四万人（当初八六〇万人の大学新卒が見込まれていたが二六万人が中退したことになる。学生ローン不払いなどが原因だ）。苦労して大学を卒業してもまともな就労先がない。薔薇《ばら》色の人生設計が暗転する。

そこでまた中国政府は無理矢理なプロジェクトを謳い、巨額を予算化する。一帯一路プロジェクトが世界各地で挫折、頓挫《とんざ》し始めたので、国内で大型プロジェクトを拡大しようとするのだ（第三章を参照されたい）。

赤字構わず新幹線をさらに延長する工事があちこちで開始された。それこそ人の行き来より熊の数が多いような過疎地にも。

中国は世界一のダム（二二三九メートル）建設を発表した。

三峡ダムは重慶と武漢《ぶかん》の間に完成し、相当の電力を供給している。世界一を豪語したが、浚渫《しゅんせつ》が間に合わず、堆積物が障害となって効率が悪い。

そのうえ三峡ダムの上流地域ではほうぼうで地殻変動による地震、下流域はダム決壊の怖れがあるため、八〇万住民の極秘退避計画と環境汚染、ろくな評判はなかった。そもそも三峡ダムの建設には軍が安全保障上の理由から強く反対したのだ。

中国発展開発委員会は、新しいダムをチベットと四川《しせん》省の間（一部雲南《うんなん》省を含む）に二三九メートルという世界一高いダムを建設すると発表した。発電される電力は二ギガワット、中国全体の水力発電は現在二七〇ギガワットとされている。

契約事業体は大手の「華電集団」となり、総工費四六億ドル。この予算の中には付近住民およそ二万四〇〇〇人の立ち退き補償を含む。

『ザ・タイムズ・オブ・インディア』（一月十六日）は、この報道に接し、「中国は正式に発表したら五年以内に完成させるが、インドは発表から完成まで五〇年かかる」と皮肉な論評を交えた。それにしてもこのプロジェクト、実現の可能性があるのだろうか？

中国の米国企業買収、九五％減

惨状がくっきりと数字に出てきた。

中国の米国企業買収が、実に九五％減っていた。まさに「トランプ効果」は激甚である。付随してアメリカへの中国人留学生、客員学者、交換教授ら四〇〇〇名が「スパイ容疑」の摘発を怖れたのか、そそくさと中国へ帰国していたことも判明した。

ハイテクを米国から取得（「盗取」ともいうが）するために派遣された学者、研究者、教授、学生らに対して米国はビザ審査を厳しくした。滞在延長が認められないばかりか、いったん帰国した中国人の米国留学組の再入国に対してもビザ審査がより厳格化された。

中国人留学生は数十万人に達するが、これをのぞいた客員派遣の学者、交換教授ら四〇〇〇名（奨励金が一四万五〇〇〇ドルから七二万ドルの幅で供与された）が米国から帰国したのだ。これは二〇一八年十二月一日に「自殺」した張首晟《ちょうしゅせい》スタンフォード大学教授が運営していた「ホライゾン・キャピタル」とかの面妖《めんよう》な財団が象徴するように、スパイ養成、ハイテク泥棒のダミー、表向きの看板がシンクタンクを偽装していた（第二章を参照）。

一月末にも、アップル従業員で自動運転の機密を盗んでいたとして米国の連邦捜査局

（ＦＢＩ）はサンフランシスコにある自動運転研究ラボに勤務していた陳某《なにがし》を逮捕した。アップルは機密の技術情報が中国に盗み出された事案に対応するため、同センターから二〇〇名のレイオフを発表した。うかうか米国に居残っていたらスパイ容疑で捕まりかねない懸念が拡がった。

そのうえで米国はインド優遇策に転換している。

Ｈ－１Ｂビザの発給を簡素化し、高度技術者の移民を優遇する。Ｈ－１Ｂビザは高度訓練者、熟練工のみならずＰｈＤ取得者など学問の高い水準を誇る人たちに給付され、アメリカ市民権が取得しやすいという有利な条件が付帯する。コンピュータ、ＡＩ（人工知能）、医学、宇宙工学などの分野にＨ－１Ｂビザの対象者が多く、二〇一七年度統計では七五％がインド人である。

偶然かどうか、同じ日、地球の裏側のポーランドではファーウェイ（華為技術）にガサ入れが行われ、中国人一人とポーランド人二人を逮捕した。いずれも情報関係の工作員とされる。

ファーウェイの漢字名は「華為技術」である。この命名は中国産業部長だった呉基伝《ごきでん》が、育成すべきＩＴならびに通信、ＡＩ産業を「巨竜通信」「大唐通信」「中興通訊」「華為技術」と横に連記したことを嚆矢《こうし》としており、これらを縦に並べかえると「巨大中華」と「龍唐興為」となる。つまり「龍たる唐を興して巨大中華と為す」と読める、このネーミングにも中国の隠された野心が存在している。

「スパイ容疑」と言われたファーウェイのポーランド支社はただちに反応し、当該容疑者を解雇、「個人の行為であり会社は関係ない」などとびっくりするような見解を述べた。このポーランドの動きを見てスウェーデン、デンマークもファーウェイ警戒態勢に入り、とくにデンマークはファーウェイ社員二人を国外退去処分としている。

米国では、中国のハッカーによる機密取得も続いており、当局は一八年十二月にも、「APT10」というハッカー集団に関与した中国人二人を訴追した。彼らは米国の四五の機関からハッカーによって機密書類を盗み出していた。ハッカーの手口や発信地から上海の軍関連施設が浮かんでいる。「APT10」というハッカー攻撃に晒《さら》されたのは世界一〇二カ国に及ぶ。この捜査に付随して、日本の経団連の日中経済協力の部署からも情報が抜き取られていた事実が判明した。

日本の財界中枢部の情報もそっくり中国に渡っていたのだ。

「確実な証拠もないのにファーウェイがスパイ機関とする国々は中国を不当に苛《いじ》めている」（王毅《おうき》外相の発言。一九年一月二十五日、イタリア）とするが反応は弱々しい。米国司法省の言い分は「証拠を確定してから起訴しては遅すぎる」。
三月五日、ファーウェイは米国を逆提訴するに及んだ。

対米投資激減の余波

米国のシンクタンクAEI（アメリカン・エンタプライズ・インスティチュート）の報告によれば、中国の対外投資は数字統計でも激減していることが分かった。
二〇一六年………二七〇九億ドル
　一七年………二七九八億ドル
　一八年………一七九一億ドル
これを裏付けるのが、海外不動産の売却、旅行客への外貨持ち出し制限などで顕著な動きである。そして上記のうちの対米投資は、次の通り。
二〇一六年………五四一億ドル
　一七年………二四九億ドル
　一八年………一〇六億ドル
安邦生命はNYの老舗ウォルドルフ・アストリア・ホテルやニュージャージー州のトラ

ンプタワーなどを売却、海航集団はドイツ銀行とヒルトンホテルチェーンの株式を売却、万達集団は全米の映画館チェーン売却、ハリウッド映画製作会社買収を断念した。ほかの売却、ドル確保の事案は枚挙に暇《いとま》がない。

女優のファンビンビンは脱税など不正行為がばれて在米不動産資産の強制売却を迫られ、いずれの動きも外貨準備払底を露骨に物語っている。

「網易」というサイトに一八年十月二十二日付けで次の記事が出た。

「二〇一八年上半期だけで中国企業の五〇四万社が倒産し、失業は二〇〇万人上乗せされた。農民工の失業が七四〇万人と言われるから上半期だけで一〇〇〇万人が新たな失業に加わった」

この数字、中国の公式統計には発表されるはずがないが、ついで「財新網」（同年十一月二十八日）で「求人広告が二〇二万件、消えた」とした。深刻な事態ではない、崩壊前夜である。

企業が人手不足を嘆いた時代はとうに去り、求人欄が募集を告示すると公務員など、地方政府の過疎村の役場の一人の募集にも数千人が押しかけるというではないか。

とうとう全人代では「一一〇〇万人の失業者対策」が発表された。

四中全会を開催できない習近平の狼狽

公約通りにトランプ大統領は環太平洋パートナーシップ協定（ＴＰＰ）脱退、北太平洋条約機構（ＮＡＦＴＡ）の見直し、メキシコ国境に高い壁、パリ協定離脱、イランとの核合意破棄、ロシアとの中距離核戦略（ＩＮＦ）全廃条約破棄、そして南シナ海における「自由航行作戦」の強化、台湾関係法制定、在台米大使館警備を海兵隊に命じ、台湾擁護へ転換した（台湾関係の詳細は第四章で詳述する）。

トランプ大統領はこうやって基礎固めを十全に行ったうえで中国からの輸入品に一〇％から二五％の高関税をかける米中貿易戦争を始めた。

米国の経済をいびつにした貿易赤字改善のため中国からの輸入品に高関税を課し、ハイテク・スパイの摘発強化、米国ハイテク企業の買収禁止、不動産取得制限とビザ発行の規制強化、ファーウェイと中興通訊（ＺＴＥ）の完全な締め出し。こうなれば米中対決はもはや抜き差しならない状態である。

あまつさえペンス副大統領の演説（一八年十月四日）は准宣戦布告である。この内容に関しては拙著『日本が危ない！　一帯一路の罠』（ハート出版）を参照されたい。

ペンスは二月にドイツのミュンヘンで開かれた国際会議でも同様の強硬発言を繰り返した。

トランプ大統領の対中政策の基軸転換に周章狼狽《しゅうしょうろうばい》した中国の習近平国家主席は米中貿易戦争の不手際の責任を回避するため定例の四中全会を開催せず、付け焼き刃の対応に追われた。

中央委員会全体会議を開催せずに全人代になだれこむという異例の事態となったのだ。そのうえで、トランプ大統領は新しくて強烈な「大統領命令」を準備中である。英紙『タイムズ』は「英国もカナダ、オーストラリア、ニュージーランドなど大英連邦諸国の動きに連動し、中国の通信技術が西側の安全保障に重大な脅威となっているため政治措置を講じるだろう」と報じた（一八年十二月二十七日）。

つまりファーウェイとZTEの部品、スイッチなどを販売している米国の零細企業にも、外国製品を使用禁止とするというかつてない厳しい制約条件が含まれている。地方では中国製部品が廉価であるため、いまも広範囲で使われている。文面には中国企業の名指しはないが、明らかにファーウェイとZTEが標的であり、中国ははやくからこの動きを牽制《けんせい》するために在中米国企業に対して、突然の税務検査、品質管理立ち入り、申請事項の不許可、ビジネスの妨害などを行ってきた。

謎だらけ、ファーウェイCFOの孟晩舟の逮捕

日本のメディアは日産のトップだったカルロス・ゴーンの「特別背任」容疑での逮捕劇で大騒《さわ》ぎだったが、国際的なニュースで世界を驚かせたのはファーウェイCFO（財務責任者）兼副社長・孟晩舟《もうばんしゅう》のカナダにおける拘束だった。孟は創業者の娘である。

二〇一八年十二月一日、乗り換えのためバンクーバーにトランジットしたところを資金洗浄とイランへの不正送金容疑で拘束され、その後釈放されたものの禁足令が敷かれ、カナダ当局の監視下にある。米国は身柄引き渡しを正式に要求した。

孟晩舟は離婚歴があり、七つのパスポートを所有していた。そのうえ一人っ子政策を執ってきた中国で、なぜか彼女は四人の子供たちを生んで育て、しかもその子供らは世界各地に分散している。特権階級のなかでもトップクラスでないと、こういう我がままは許可されない。

孟晩舟の行為はまさに華僑《かきょう》の伝統「分散投資」の典型である。七つのパスポートは中国、香港、そしてカナダの永住権を持つもの。そのほか四つの中国のパスポートは別名だ

った。これは国家安全部との関連でしか発行されないから彼女がスパイの元締めという説が有力になる。

イランへの不法行為はファーウェイの別会社名義でなされており、また香港上海銀行（ＨＳＢＣ）が絡んでいる事実も判明したため、以後、ＨＳＢＣはファーウェイとの取引を停止した。

ともかく謎だらけなのだ。

バンクーバーに孟晩舟は三軒の豪邸を持ち、不動産業界で「大豪邸」のカテゴリーに分類されるほどの物件ばかり。広い庭付き、数台のガレージ、三階建ての英国風。ただし、夫名義で登記されている。孟女史はカナダ永住権を持ち、保険証を保持し、カナダで税金も納めていたとされる。

また四人の子供たちは香港、深圳、バンクーバー、マサチューセッツ州にばらばらに住んでいて、前夫との間にできた長男だけがバンクーバーにいるようだが、孟晩舟とは別の住まいである。

さて孟晩舟の父親でもあり、ファーウェイの創業者の任正非《レンツェンフェイ》（七四歳）、実は二日遅れてバンクーバー経由でアルゼンチンに向かう予定だった。娘の拘束を聞いて任正非は海外出張を取りやめた。

つまり米国の狙《ねら》いは娘ではなくファーウェイ最高経営責任者（CEO）の任正非その人だったのである。

窮地に追い込まれたことを悟った任正非が四年ぶりにメディアの前に現れた。深圳のファーウェイ本社に、西側の記者を集め徹底的に「しらを切る」会見を行った。世界のトピックとなってスパイ機関、中国軍の別働隊、不法輸出等々、西側から囂々《ごうごう》の批判が集中していたが、記者会見は疑惑を晴らすというより、疑惑を深めただけに終わった。

米英加に加えて豪、カナダ、ニュージーランドの「ファイブ・アイズ」と日本がファーウェイ製品の排除で連携し、娘でもある孟晩舟のカナダでの逮捕など、衝撃の連鎖の渦中にあって、任正非はひたすら沈黙を守ってきた。したがって沈黙破りの意思表示にはメディアの注目が集まって当然だろう。

任正非は「当社はいかなる不正行為も行ってはいないし、軍とは関係がない。純粋な民間企業である」とした。誰も信じないことを平然と喋《しゃべ》る度胸に感心している場合ではない。「私は愛国者であり、党員であることは認める。入党は除隊後だった。私はトランプ大統領を尊敬しており、また我が社の対策は相手の出方を待っているところだ」と米国を褒める演技をともなった。

ファーウェイのスマホや基地局にスパイ装置が工事されていることなども、「そんな行為をしてはいないし、共産党から命令を受けたこともない」と開き直った。つまり記者会見で疑惑は何一つ晴れなかったのだ。

中国と無理心中か、ソフトバンクの迷走

孟晩舟逮捕劇は中国における株式暴落に直結した。

日本では孫正義率いるソフトバンクが史上空前の株式公開（ＩＰＯ）となるはずだった子会社の上場目標値を一五％も下回る初値となった。一八年十二月十九日、ソフトバンク・グループの通信子会社ソフトバンクの株式が公開されたが強気の読みは真っ逆さまに外れ、多くの投資家は失望することになった。

原因の一つが一八年十二月六日に起きた通信障害で、ソフトバンクの携帯電話が繋《つな》がらなくなった。

クレームが殺到し、解約が相次ぐ騒ぎになった。この基地局はエリクソン製だったため、あるいは中国の妨害か、もしくは嫌がらせ説も浮上した。追い打ちをかけて孟晩舟がカナダで逮捕され、さらにファーウェイと関係の深かった張首晟《ちょうしゅせい》スタンフォード大学教授の「自殺」事件が続いてしまった。

「こんな時期に何のために株式を上場するのか？」と投資家ばかりか、経済ジャーナリストもソフトバンクの上場に猜疑《さいぎ》心を強くした。

なぜなら孫正義が中国アリババの筆頭株主であるうえ、地上局にファーウェイ製品を使用してきたからだった。米・英・豪・加、そしてニュージーランドはすでにファーウェイのいかなる製品も使用しない、市場からの排除を決めており、周回遅れで日本政府もこれに倣《なら》うとした。

ソフトバンクは有利子負債が一三兆円を越えている。中国の「三大借金王」＝海航集団、万達集団、そして安邦生命と同様な借金漬《づ》け体質である。中国富豪トップだった万達集団の王健林《おうけんりん》は一〇位に転落した（「胡潤百富」）。

それゆえチャイナ・リスクがもろにソフトバンクの株価に悪影響を与え、経営の屋台骨を震撼《しんかん》させて市場からは不評、反発という想定外の反応となった。この醜態は以後の日経平均を押し下げ、近未来に株価再沸騰という薔薇色のシナリオは消えた。

有名中国人教授の自殺の謎

ことほど左様に米国は次世代通信技術の中核、５Ｇ（第五世代移動通信システム）競争でも徹底的にファーウェイの排撃に動きだした。

同時に産業スパイの摘発を強化したが怪しげな展開はその後も続いた。

十二月十二日、前述の孟晩舟は八億円の保釈金を積んで保釈された。しかしカナダからの出国を禁止された。足下に取り付けられたGPS装置は皮肉なことにファーウェイ製だった。

もし米国に引き渡されると最長三〇年以上の禁錮刑が待っている。ライトハイザー米合衆国通商代表部（USTR）代表は「カナダにおける孟逮捕劇と米中貿易戦争とは関係がない」とわざわざ記者会見しているほどに実は関係が深いのである。

それにしても奇怪なのは、張首晟教授の自殺である。

張首晟教授は、二〇一八年十二月一日、スタンフォード大学で開催されたパーティが撥《は》ねて、サンフランシスコに戻ったあとに、ビルから飛び降りて「自殺」した。享年五五歳。一種の「怪死」である。

張首晟教授は一五歳で神童とされ、上海の名門「復旦大学」に入学し、その後、ドイツ自由大学、ニューヨーク州立大学へ留学、三〇歳の若さでカリフォルニアの名門校スタンフォード大学教授（物理学）となった。

同僚の多くが「ノーベル賞に一番近い天才肌の学者」と太鼓判を捺《お》すほどの業績を挙げ

た。ところが裏面で張首晟教授は「丹華資本」（デジタル・ホライゾン・キャピタル）という得体のしれない「ファンド」を立ち上げ、とりわけＡＩ研究の学者や学究の卵を集めていた。資金は四〇〇億円だった。また二〇一八年五月には上海科技大学の特任教授に就任した。当該大学の学長は江沢民《こうたくみん》の息子・江綿恒《こうめんこう》である。

ＡＩ技術、量子物理学の先端エンジニアに投資する動きは、投下されている資金も膨大であり、なおかつバックが不透明なために、ＵＳＴＲが「スーパー301条」の対象としてリストに挙げ、ＦＢＩが内偵を続けていた。

第一に「丹華資本」なる実態のないファンドが本当は何をしていたのか？

第二に奇《く》しくも張教授が突然の自殺に走る直前、バンクーバーでファーウェイ副社長の孟晩舟が逮捕拘束されている。この二人の繋がりは如何《いか》に？

第三にスーパー301条の捜査対象にリストアップされていた事実は米国が同ファンドをスパイ機関ではないかと疑っていたことを意味する。

孟晩舟裁判に圧力をかけるため中国はカナダ人一三人を中国国内で理由なく拘束した。このうちの三人のカナダ人は親中派なのである。だから「仕組まれた芝居」ではないかと懸念する声もあがった。続いて中国人でオーストラリア籍の作家を勾留《こうりゅう》したため、米国は国民に対して「中国への渡航注意」勧告を発令した。

米軍シリア撤退で混乱する中東、つけ入る中国

中国に対して強気、豪快に振る舞っているトランプ政権だが、内部に問題が多いことは注視する必要があるだろう。

米国の強気は依然として持続されているが、トランプ政権内部の動きを観察すると落ち着きがない。米国の政治史でこれほど激しく高官の人事が入れ替わった政権も珍しい。

トランプ大統領は十二月二十六日に突如イラクを訪問して米軍兵士を激励したが、その直前にシリアからの撤退を表明してペンタゴンを慌てさせた。

「米国はＩＳとの戦争に勝利した。したがってテロリストとの戦いは続くが、シリアからは撤退する。われわれは中東の警察官ではない」とトランプ大統領が表明したとき、ペンタゴンは寝耳に水だった。

急な撤退は中東の軍事バランスに地殻変動的な玉突きを起こしかねず、ただちにクルド族指導者が反発した。「これは米国の裏切りだ」。クルド団体は、その反対理由を「シリアにはまだ二、三万のＩＳ戦闘員が潜伏しているからだ」とした。

喜色満面の、ロシアのプーチン大統領は「米国は正しい決定をした。トランプ大統領の

撤退方針をロシアは歓迎する」とした。

アサド体制を支えるロシア、アサドを転覆させようとしてきたのがＩＳ（イスラム国）、そしてイラクを拠点としたスンニ派武装勢力、これをトルコなどが支えてきた。米国のシリア梃子入れは主として北西部、とくにクルド居住区で、クルド族の武装組織に軍事訓練を施し、武器を供与してきた。駐屯米兵は二〇〇〇名だ。

英国の専門観察機関の「シリア・オブザーバトリー」によれば、クルド族地域にはＩＳの戦闘員およそ一〇〇〇名と家族二〇〇〇名（戦闘員は三一カ国から、家族は四一カ国に拡がる）。合計三〇〇〇名が捕虜として収容されている。これらを「釈放」する準備があり、クルド族の反発をよそに、米国はトルコと善後策を進めた。

なんと中国は米軍シリア撤退のあと、一五〇社、二〇億ドル投資で再建プロジェクトを立ち上げる。空白ができると、その隙間《すきま》に入り込むのもまた中国である。

一八年、すでに中国では「シリア再建プロジェクト・フェア」が開催された。習近平国家主席の目玉「シルクロード」の一環である。当該フェアには実に二〇〇社の中国企業が参加し、道路改修工事、ハイウェー工事、もちろん抜け目なく光ファイバー網設置等々。

中東石油に依存する中国と、中東への興味を希釈させて、「インド太平洋」へ目を向けた米国の姿勢の違いは明瞭《めいりょう》である。

米軍の撤退日程は未定とはいえ、安全保障面からの対応を急いでいるトルコ、イスラエルの動きを横目にシルクロードの一環として、中国はシリアへの再進出を虎視眈々《こしたんたん》と狙うわけだ。

内戦勃発《ぼっぱつ》前のシリアと中国の貿易は往復で二四億ドルだった。内戦中、中国はシリアと距離を置いたものの、ロシアのアサド梃子入れに間接的に協力しつつ、裏ではＩＳに武器供与と通信器材の提供を続けていた。同時にＩＳに加わったウイグル族の若者たちの動向に神経を配らせ、ＩＳとは裏の連絡網があったと噂《うわさ》されている。

リビアでカダフィ政権が転覆したとき、中国は三万六〇〇〇名の労働者、エンジニアを引き揚げたが、なぜそれほどの人数が紛争地域にいたかといえば、リビアで一〇〇ものプロジェクトを請け負っていたからだった。

このような冒険的リスクを取ることに躊躇《ちゅうちょ》しない中国。日本企業にマネができるだろうか？

「GAFA vs. BAT」から「GAFAM vs. BATIS」へ

以上、見てきたような政治・軍事の米中対決は経済レベル、とりわけハイテクの争奪に置かれていることに留意したい。

米国勢がGAFA（グーグル、アップル、フェイスブック、アマゾン）。これに対抗する中国勢がBAT（バイドゥ＝百度、アリババ、テンセント）。

ところが、このGAFA vs. BATも古い図式となり、いまはGAFAM、vs. BATIS、となった。前者はマイクロソフトが加わり、後者にはアイフライテック（声紋認識）、センスタイム（顔認識）が追加されたからだ。

この決戦はすでに始まっている。

米国が中国旅行者に「注意勧告」を出したのも、孟晩舟がカナダで拘束されて以来の激変への対応である。

中国は一三名のカナダ人を拘束して牽制した経過は見てきたが、孟晩舟がアメリカへ移送され、裁判に掛けられる事態を阻止する恐喝材料として人質としたのだ。これに呼応してシスコ（コンピュータシステムの大手）やユニオンバンク・オブ・スイスランド（UBS）は社員に対して、中国旅行を控えるように伝達したところ、中国からの抗議を受けて、警告は撤回したという。

カリフォルニア大学ディービス校では工学部の電子・コンピュータ学科の学生にEメールで警告を発していた事実も判明した。その通知内容は「中国に旅行中は慎重な行動を取り、もし拘束された場合は、米国大使館員がくるまで何事も喋らないこと、パスポートを常に保全し、また旅行中は、中国のＷＨＡＴＡＰＰとＷＥＣＨＡＴにアクセスしないように」とする注意である。

大学側はこのＥメール警告の事実を認め、「中国がコンピュータを学ぶ学生の機器にウイルスを仕掛けたり技術情報を盗む可能性があるからだ」とした。同校はカリフォルニア州立大学の農学部から発展し、キャンパスは州都サクラモント市の西、ディービス郊外にある。宏大な農地、生物観測施設やワイン醸造工場を誇り、生物環境学では全米有数の名門とされる。

プーチン（ロシア大統領）は近未来のグレートゲームの新展開を予測してこう言った。「ＡＩ（人工知能）を支配するものが、誰であれ、世界を支配するだろう」

チャイナウォッチャーの福島香織氏が直近にも中国取材に行ったおり、北京空港の入国審査は機械によるパスポート照合、カメラによる顔認証、指紋照合、そして声紋検査の順に行われ、完全にデジタル化されていたという。

十数年前まで北京、上海などで日本人特派員と会うときは尾行を気にした。尾行を撒《ま》くと逆にフルマークとなるので、知らん顔をしている記者が多かった。電話での会話も、例えば江沢民主席を指すときは「黒メガネのおっさん」とか暗喩《あんゆ》的な記号で会話を交わした。確実に盗聴されていたからである。

その後、米国から盗み出した技術を駆使して、ビッグデータをたっぷりと貯め込み、中国共産党という独裁政権が押しつける情報管理に貢献してきたアリババならびに百度、テンセントは共産党の命令に従わざるを得なくなった。このため順風満帆という市場形成は困難になり、アリババCEOの馬雲《ジャックマー》は辞任を表明するにいたった。

米国は自ら開発した次世代AI、ITをもはや中国に供給することはない。したがって中国は別系統のAIソフトウエアで独自の影響圏を築くしかないだろう。

中国のIT学者、李開復《りかいふく》（かつては中国グーグルの代表者だった）が予言した。

「AIに関して中国と米国はパラレルな情報空間を構成する。両陣営は二系統の別々なAI技術によってこの世界を二分するだろう」

半導体もAIも「半熟」状態の中国が、しかし最先端の米国と伍すことが可能なのはAIが経験工学ではないからだ。固定電話時代からいきなり携帯時代に突入した中国は消費においても現金からカード時代をこえて、スマホ決済時代に突入した。同様に設計図とソフトを米国から盗み出し、見よう見まねの自給体制を確立し、ファーウェイが世界の奥地でも使われているように世界を席巻しようとしてきた。

この現実の驚異を前にまだ中国に夢を追うAIやIT産業は、次章で見るようにいずれ米国が仕掛ける「ココム（対共産圏輸出統制委員会）」の対中国バージョンによって制裁の対象になるだろう。

AI世界分割戦争は始まっており、米中が牽引する技術体系に応じて世界が「ソフトウエア・カーテン」で仕切られるという近未来はすぐそこに来ている。

英仏に続き、親中・ドイツも反中包囲作戦に参戦

欧州で中国包囲網に真っ先に加わったのは英国だが、フランスもこれに同調している。フランスは南太平洋に多くの植民地をいまだ抱え、利権を保持している。このため仏海軍が当該海域に派遣されている。タヒチやニューカレドニアに駐屯しているフランス兵は八〇〇〇である。

「日仏外務・防衛閣僚会合（2プラス2）」は一九年一月十一日に、フランスの軍港都市ブレストで開催され、日本からは河野外相と岩屋防衛相、フランスからはパルリ国防相、ルドリアン外相が参加した。年内に「海洋対話」開催で合意した。

また日本の自衛隊とフランス海軍のインド太平洋における共同訓練が合意され、フランス海軍は空母を派遣することが明らかとなった。フランスの自由航行作戦も英国に続いて

本格化したのである。

これまで日仏2プラス2は、過去に五回も開かれてきたが、フランスの対中重視政策の手前、軍事演習や日仏共同の「海洋対話」などは合意しなかった経過がある。フランスの態度が大きく変わり、中国の海洋進出阻止路線に転換したことが改めて明確になった。

欧州連合（EU）をフランスと協調して主導してきたドイツの対中政策にも激変の兆しが出た。

米国の対中制裁の動きを横目に、ドイツが中国との経済交流の改革を北京に要求した。在中ドイツ企業は五二〇〇社もあり、全土に一〇〇万の中国人を雇用している。年間の貿易額は二〇〇〇億ドルを超える。

当該ドイツ商工会議所は、これまでにも「システムの改革、アクセス規制の緩和、知的財産権の盗取禁止」などを要求してきた。近年は中国側の改革ののろさに苛立《いらだ》ちを募らせるようになり、ドイツ人ビジネスマンのおよそ三割が「対中国貿易は一〇％減るだろう。二〇一九年は減少傾向が明確化する」と予測している。だからメルケル独首相は四年ぶりに来日し（一九年二月）、安倍首相と懇談したのだ。

貿易構造を見ると、中国の輸出全体のうち、二三・二％が米国向けだが米国の対中輸出は額面で輸出全体の八・四％でしかなく、米中貿易戦争の悪影響がもろに出るのは中国側である。

焦る中国はこれまで認めてこなかった外国企業の一〇〇%現地法人をドイツのアンリッツ保険（一八年十一月）、そしてＢＡＳＦ（独・化学産業の最王手）の広東工場を二〇一九年一月に許可した。またＢＭＷの現地法人の株式所有を五〇%とした。自動車はこれまで五一%が中国側と規定されてきた。

「それでも改革は緩慢すぎて、苛立ちはつのる一方だ」とする独メンケータ研究所「ＥＵ中国政策部」のヤン・ウェデンフォエルト主任は「二〇一九年の独中経済関係に地滑り的変化が起こるだろう」と予測している（一九年一月二十六日付「サウスチャイナ・モーニング・ポスト」）。

ドイツ在住の作家、川口マーン惠美さんによればドイツのテレビ報道も中国に辛口になったという。

英国ばかりか日独を越えてインドは世界第三位の経済大国入りへ

成長著しいインド経済も注目であろう。

かつてのベストセラー『大国の興亡』の著者にして歴史学者のポール・ケネディ教授は

英国衰退のあとをアメリカが襲い、繁栄の次の波は西へ西へ。次の大国は日本、そして西の中国と順番がくると予測したが、ケネディの視野には当時、もっと西のインドは視野になかった。

一七年の国際通貨基金（ＩＭＦ）経済報告によれば英国のＧＤＰは二・六二兆ドルだった。インドは二・五九兆ドルで、その差はわずかに三〇〇億ドルでしかない。

その後、英国経済はＢＲＥＸＩＴ（ブレグジット）の弊害により成長率が悪化し、おそらく二〇一九年にはインドが英国を抜き、ほぼ同時にフランスを抜き去り、世界五位のＧＤＰ大国となる。例えば日産は英国工場を閉鎖し、ホンダもシビック工場を閉鎖するように、多国籍企業の多くが英国から脱出するからだ。

「ＰＷＣグローバル経済ウォッチ」によれば、「二〇一九年の世界経済は緩慢に下降する。しかしインドは高い成長率（二〇一七年に六・七％）を堅持するだろう。したがってインドが旧宗主国イギリスをＧＤＰで抜き去るのは確実である」とする。

現時点での世界比較経済力では米国、中国、日本、ドイツ、フランス、英国、インドとなっているが、かつて世界第二位だった日本が二〇一一年には中国に抜かれ、三位に転落。それも向こう一〇年で、インドに抜かれることになるという近未来のシナリオが具体的現実性を帯びてきた。

インドは人口大国でもあり、推定一三億人、向こう一〇年で中国の一四億を超え、世界第一になる勢いにある。逆に中国は二〇一八年度に一五二三万人の人口減があった。一人っ子政策をやめて二人までOKとなった翌年（一七年）、中国の新生児は逆に前年比六四万人のマイナスだったことも分かっている。

この所為かどうか、日本企業のインドへの進出に拍車がかかっている。トヨタ、ホンダもスズキを追いかけてインドのチェンナイに進出した。ニューデリー周辺では「ジャパンタウン」も形成されている。デリーとムンバイにしか直行便のなかった日系航空会社もチェンナイへ直行便乗り入れを検討中である。

進出日本企業は二〇一七年末で一〇〇〇社を越えたが、在留邦人も一万人を突破している。

インド財務相のアルン・ジェイトレーは、「まもなく日独を越えてインドは世界第三位の経済大国入りする」と強気の見通しを語り始めている（二〇一九年一月十九日付『ザ・タイムズ・オブ・インディア』）。

金備蓄の国別ランキング（二〇一八年度速報）

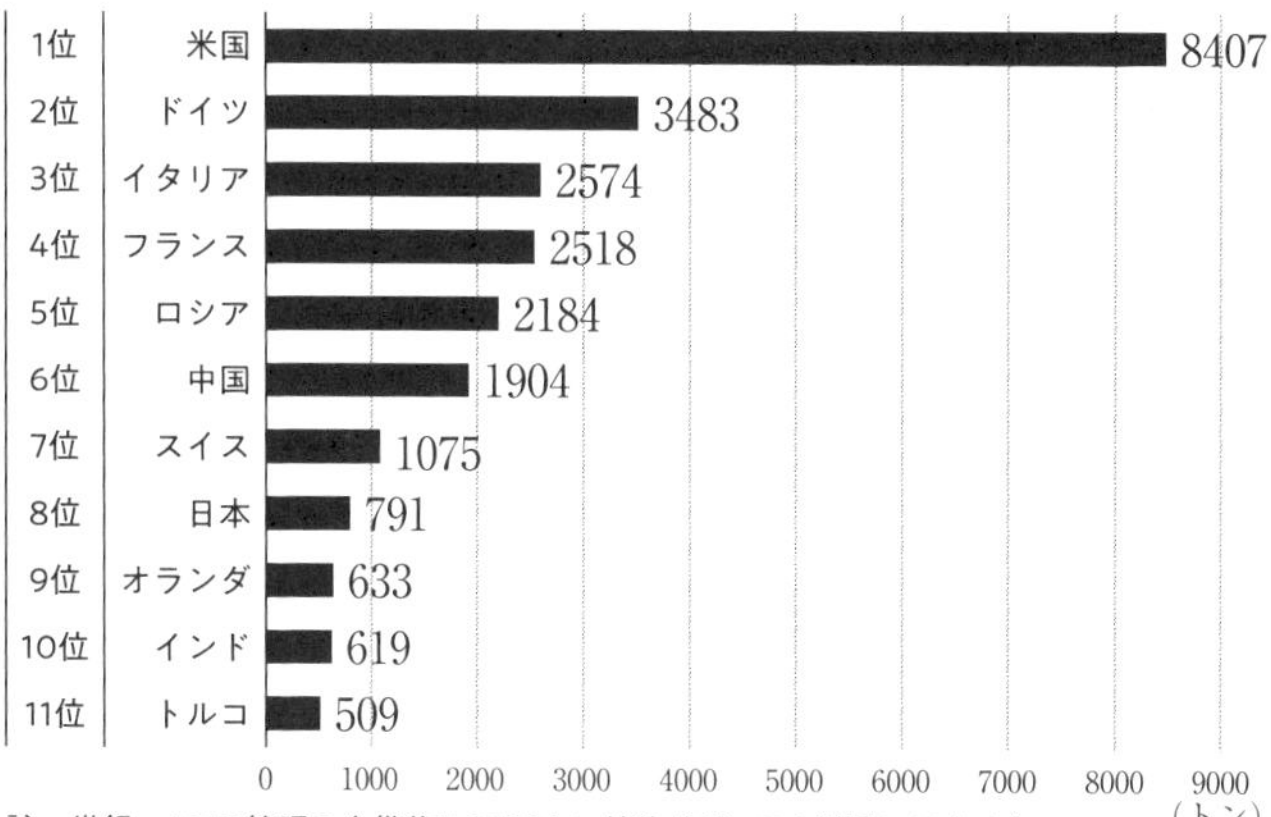

註　世銀、ＩＭＦ管理の金備蓄は2500トン前後だが、この統計には含めない

ドル基軸崩壊!?
世界の金備蓄にも異変

大不況の空気が漂うと、投資はゴールドに目を向ける。これは古今東西、経済の原則でもある。

つまり中国の経済破綻《はたん》は間違いなく、それも近未来に起こるということだ。中国が金備蓄を増やし、ドル依存を減らしているという報道は首を傾げざるを得ず、むしろ金の国家備蓄を急増させているのはＥＵ主要国とロシアである。

まずは直近のデータを比較一覧されたい。

この一覧でも明らかとなることが幾つかある。

第一の留意点はユーロ主導のEU主要国であり、共通通貨の存続と拡大で合意しているはずのドイツ、フランス、イタリア、そしてオランダが、スイスをおしのけて高位にあることだ。究極的にEU主要国が最終通貨としてユーロを信頼していないことを裏書きしている。

第二にロシアの急伸ぶりである。

ロシアは二〇一八年初頭に保有していた外貨準備からおよそ一〇〇〇億ドルを取り崩し（その大半は米国債券だった）、同年末には一一八億ドルに急減させ、その分を金購入に充てていたのだ。ロシアは金塊を中国から買ったようである。貿易支払いの担保ではなく単純に金にシフトさせた理由は在米資産凍結を怖れたのかもしれない。

第三に中国の「躍進」ぶりだが、米国のニューヨーク連銀金庫にストックされた金塊が、タングステンの金メッキではないかという説がある（ドイツはそれを口実に米国から全量を引き揚げた）。同様に中国の金備蓄の数字がどれほどの信憑性《しんぴょうせい》があるかという問題がある。中国が売り出している「パンダ金貨」は南アの「クルーガーランド金貨」と同様に国際的には通用しない（購入する業者はスクラップ扱い）。なぜなら中国の金塊もコインも金の含有率が九九・九％（スリー・ナイン）であり、国際基準は九九・九九％（フォウ・ナイン）だからだ。

第四はインド、トルコというかつての文明大国の金備蓄への執着ぶりであろう。ムガール帝国もオスマン・トルコ帝国も偏執的なほどに金《ゴールド》志向だった。したがってアラブの盟主サウジアラビアばかりか、イラン、イラク、クウェート、UEA（アラブ首長国連邦）のスークへ行くとゴールドショップが所狭しと並んでいて、民衆の末端にいたるまで金備蓄は盛んである。

第五に相も変わらず日本のノーテンキぶりが憂鬱《ゆううつ》のタネとなる。

そのうえ、悪徳業者の荒稼ぎが目立つ。

日本における金密輸の悪徳業者たちが税法の盲点を突いてぼろい儲《もう》けをしている。この実態が浮き彫りになったのは一八年十一月二十二日の国会（参議院財政金融委員会）で中山恭子議員が質問に立ち、「密輸された金地金の流通を阻止できない」という異常な状況に対する対応を糺《ただ》したからだ。

というのも平成二十九年度の金の輸入は五トン、ところが輸出が二一五トン。日本の金製造は上限五〇トンだから、差し引き一六〇トンが不自然という統計結果が浮かんで、からくりは「輸出税金還付制度」である。すなわち八％の消費税が輸出に際して、業者に還付されるという仕組みの悪用である。

消費税を支払わずに密輸し、これを輸出に廻せば、ぼろい儲け。おそらく国家から六〇〇億円が密輸業者に税金還付という形で流れ出た計算になる。

外貨準備のほとんどを日本は米国債で保有しており、金備蓄の実物の金塊は日銀の倉庫ではなくNY連銀の地下金庫に預けたまま、一度も返還要求をしていないのである。

危機がそこにあるのに、日本の神経の鈍感さは生来のものなのか？

第二章 トランプ「新ココム」発動で中国排除に出る世界

「米国の保護国」＝日本に選択肢はない

ベルリンの壁が崩壊してから三〇年の歳月がまたたくまに流れた。

一九九一年にソ連が突如瓦解した。同時に対ソ封じ込めの中軸だったココム（対共産圏輸出統制委員会）規制が有名無実となった。

八九年六月四日、中国の民主化を要求した学生を虐殺した天安門事件は、西側世界からの強烈な批判と経済制裁が課せられたが、対中ココム規制が発動したわけではなかった。というのも高度技術どころか、当時の中国はスポーツ・シューズを作るのがせいぜい、家庭の宝といえば自転車だった。

以後の急成長は西側と華僑の投資により、とくに天安門事件の制裁を真っ先に反古《ほご》として中国投資を拡大したのが日本だった。そして三〇年後、中国の軍事力はアジア全域を脅かし、ハイテクの覇権は米国を凌駕《りょうが》する勢いにある。日本の貢献は無駄に終わったばかりか、安全保障上最悪の脅威となって日本に降りかかってきたのだ。

米国は対中幻想を捨てた。これからは技術輸出に厳格な規制を導入する方向にある。運用次第では対中輸出が困難になる。

その方向性を探ろうとして日本企業は情報の蒐集《しゅうしゅう》に躍起である。理由は米国の風向き次第で対中ビジネスがどうなるか、死活的な選別を迫られるからである。

米国の新ココム的な措置は、米議会が二〇一八年に可決した「二〇一九年度国防権限法（NDAA2019）」が基本にある。規制されるのはAI（人工知能）、バイオ、測位テクノロジー、マイクロプロセッサー、次世代コンピュータ、データ分析技術、ロボット、先端的材料など。その多くは日本企業に関連が深く、ましてIC（集積回路）などは米国の基本特許であるケースやクロス・ライセンス契約による技術が目立つため実際には米国が国防権限法の運用を強めれば強めるだけ、日本企業の対中輸出も自動的に縮小する。韓国、台湾も同様な影響を受ける。

国際政治の原則でいえば、軍事力がなくて保護された国は、自主外交の展開が不可能であり、保護国が定めた敵が自動的にその国の敵になる。つまり核の傘でアメリカに守られた日本に他の選択肢はなく、好むと好まざるとにかかわらずトランプ政権が中国と敵対すれば日本はそれに従わざるを得ない。

問題はアップルよりも日本株

加えて「アップル・ショック」の到来だ。

アップルのティム・クックCEOは、一九年一月四日に「二〇一八年第4四半期のスマホ売り上げ激減」と発表したことは述べたが、市場は株価激安を示した。また「二〇一九年第1四半期の生産予定は一〇%減らすことになる」と衝撃的予測を語った。

ちなみにピーク時の一八年十月三日から、二〇一九年一月八日までの株価騰落率は

TDK（日本）……………▲三八・二%
アップル（米国）…………▲三五・〇%
サムスン（韓国）…………▲二八・五%
鴻海精密（台湾）…………▲二五・九%
日本電産（日本）…………▲二五・五%

マイクロソフト（米国）……………▲二五・三％
村田製作所（日本）………………▲一八・八％
ＴＳＭＣ（台湾）…………………▲一七・一％
テキサス・インスツルメンツ（米国）…▲一二・八％

このアップル・ショックという下方修正見通しは日本、韓国、台湾というスマホ部品、中枢部品、液晶パネル、高純度材料、組み立て、販売というビルトイン・システムを根底的に揺らすことは明らかであり、アップルは時価総額トップの座から転落し、マイクロソフトに譲った。

アップルより日本の株安のほうが目立った。村田製作所も部品出荷激減を認めた。またシャープを買収した液晶パネルなどの大手「鴻海精密工業」は河南省鄭州工場で五万人、ほかの工場を含めて、とりあえず一〇万人のレイオフ（一時解雇）を実行した。

二〇一九年一月十五日に米連邦議会の超党派議員が強力な中国制裁法案を提出した。これは大統領権限強化という法の淵源《えんげん》をさらに強化し、米国の輸出管理法違反の中国の通信メーカーを制裁する目的を持つ。

米国のなかで合意が成立しているのは「ファーウェイはスパイ機関だ」という確定であ

る。

ファーウェイ、ZTE以外の通信メーカーにも対象を広げる。すでに一月十六日のウォール・ストリート・ジャーナルが報じたように米国携帯で第三位の「TモバイルUS」が企業機密（管理ロボット技術）を盗まれたとして、二〇一四年にファーウェイを相手に民事訴訟を起こした経過に当局が強い関心を示しているとした（その後、この容疑でも起訴）。

米国はカナダで拘束中の孟晩舟CFOの送還を正式に要請した。中国は真っ青になって反論し「国際法違反だ、反対である」などと支離滅裂な駁論《ばくろん》を展開した。

これらのニュースが日本市場にもたらした心理的悪影響が次に「日本電産ショック」となった。

日本電産の永守重信会長は「二〇一八年十月から異常な注文減少に直面している。未曾有の注文減少だが、中国ばかりか欧州でもビジネスが悪化している」と記者会見した。かくしてアップル・ショック、日本電産ショックと連続し、不況入り本格化という衝撃を証券界にもたらし、関連する企業の株価が下落を演じる場面があった。

日本電産はすでに二〇一九年三月決算の売り上げを三五〇億円マイナスに下方修正しており、ほかに安川電機、日立建機などが売り上げの下方修正を発表した。日本企業は決算のピークを控え、日本電産の大幅下方修正に続いて中国依存度の高いミネベア、ダイキン、信越化学、ＳＭＣ、マブチモーターなどを直撃した。翌日からも新日鉄住金、ファナック、コマツなどの株価を揺らした。

伝家の宝刀「新ココム」をトランプが抜いた

ホワイトハウスのなかに「枢要技術安全室」ができている。共和、民主を問わず超党派の議員が要請したもので、主任務は次世代技術が中国に渡らないように監視し、規制し、米国のハイテクを守ることだ。

米中貿易戦争は関税の掛け合いレベルでは妥協したが、次はハイテク競争の争奪戦の様相となった。表面だけを観察しているとＡＩ、ｅコマース、スマホの次世代技術の特許戦争、訴訟合戦、スパイ摘発などに勘違いする向きが多いが、本質はトランプ政権が静かに発動した「新ココム」にある。この動きは中国への、ハイテク移転を封じ込め、ＡＩ空間を米中で世界二分割という未来予測に繋《つな》がる。

米・英・豪・ＮＺ、そして日本と台湾はファーウェイの政府機関の調達を禁止し、さらに次世代通信５Ｇのインフラ建設も見直し、たとえ工事費が膨らもうとも、ファーウェイの通信インフラを排除する。日本のソフトバンクもファーウェイの地上局は今後、使用しないとした。こうしたファーウェイ警戒の動きは北欧諸国から旧東欧諸国へ迅速に及んだ。

ポーランドはファーウェイの職員とポーランド人の二人をスパイ容疑で逮捕した。中国人の容疑者はグダニスクの中国領事館からファーウェイに「出向」という形を取っていた。共犯のポーランド人も、情報機関に在籍したインテリジェンス系のベテランだった。ポーランドは旧東欧諸国への拠点化を急いだファーウェイの戦略ポイントとなっていた。流れはたちまちにして北欧にも及んだ。

ノルウェイ政府の国家安全保障ならびに情報機関、警察のトップは「ファーウェイ利用には警戒を怠るな」と国民に呼びかけた。

司法省は「サイバー・ドメインから機密が漏洩《ろうえい》した可能性があり、ファーウェイ機器にはバックドアが仕掛けられている可能性があるため、厳密な調査活動を行う」とした。

オスロにある中国大使館は「仮説に過ぎず、ファーウェイはスパイ行為などしていない」と強く抗議したが、ノルウェイ政府の情報、ならびに司法省がただちに反論し、「中国の法律は海外にいる中国人を含め、任務が強制されているではないか」とした。

南のデンマークでも、ファーウェイの二人の人物を国外退去処分とし、こうしたファーウェイ排除の動きはドイツ、フランスに拡がっている。

二〇一九年一月三十日から米中実務者レベルの協議がワシントンで行われ、ホワイトハウスが声明を発表した。米中会議で討議された内容は以下のようである。

（1）アメリカ企業が中国企業から圧力をかけられている技術移転
（2）中国における知的財産権の強力な保護と執行の必要性
（3）中国でアメリカ企業が直面している多数の関税および非関税障壁
（4）アメリカの商用資産に対する中国からのサイバーによる窃盗の損害
（5）補助金と国有企業が歪《ゆが》めた市場。過剰生産の処理
（6）中国向けのアメリカの製品やサービス、農産物が制限される市場、制度の障壁や関税撤廃
（7）米中の貿易関係における通貨の役割
（8）米国の対中貿易赤字を削減

このときは合意には至らなかったものの、ほぼ最終的なプロセスだったことが示唆され、続いて中国代表団（代表は劉鶴《りゅうかく》副首相）は異例にもホワイトハウスに招かれトランプ大統領と会見した。トランプ大統領は制裁発動期限の延期を口にするようになる。

雰囲気ががらりと変わっていることが読み取れる。

貿易戦争の当初、中国が豪語したのは「奉陪到底」（最後までお付き合いしますよ）だっ

た。「おおそうかい、そんなら最後までお付き合いしてやろうじゃないか」と威勢良くタンカを切った。崔天凱《さいてんがい》駐米大使は「中国はアメリカとの貿易戦争を戦いたくはない。かといって貿易戦争を恐れるものでもない。貿易戦争を仕掛けられたなら『奉陪到底』だ。どちらが最後まで持ちこたえられるか、見てやろうではないか」。

だが大豆不足、豚肉の大幅な値上がりという消費者を直撃する被害と同時に、株安、不動産暴落が重なり、中国の敗色が明白となって、中国が折れた。不動産暴落、デベロッパーの倒産、社債不履行、銀行の貸し剥がし、ついに上海のマンション価格が三〇％の下落を見せ、売り急ぎをはかっても売れない物件ばかりとなって、業者の破産が鰻《うなぎ》登りの惨状を示したのが春節（旧正月）前の状況だったのである。

米インテルは中国からイスラエル・シフト

二〇一九年一月二十八日、米司法省はファーウェイを「技術盗取」など二三の容疑で正式に起訴した。これで孟晩舟ＣＦＯの米国移送、裁判が確定したと言える。

こうした動きに沿って、半導体最大手インテルの企業戦略に衝撃的な路線変更がなされた。

一九七四年以来、インテルはすでに三八〇億ドルをイスラエルに投下し、半導体などハイテク製品の部品を製造し、供給を続けてきた。インテルの最初のイスラエル拠点はハイファに置かれ、わずか五名の開発研究要員でスタートを切った。その後、インテルはエルサレムならびに同市南西のキリヤットガット（砂漠の真ん中）に主力工場を設立し、CPU（中央演算処理装置）、フラッシュメモリーなど最先端部品を生産してきた。

インテルの米国における主力はアリゾナ州、ニューメキシコ州など、やはり砂漠地帯に置かれるのも、地理的な理由は安全保障上の事由とされる。

かくしてインテルの貢献が大きく、イスラエルは軍事大国にして、軍事汎用技術でも米ソとならぶ次世代ハイテク技術開発で優位に立ってきた。とくに日本とはハッカー防御技術、暗号解読そのほかでの技術協力がとみに盛んとなった。

イスラエル財務省は発表に先立ち、「半導体大手のインテルが巨額投資を決断した意味は大きく、予想だにしなかったことであり、イスラエルの技術的飛躍に繋がる」と歓迎の声明。このためイスラエル財務省も財政的負担でシェアを約束しており、四〇億ドルをイスラエル政府が予算化して、新しいエンジニア養成などに費消される。

二〇一八年春先にインテルはZTE（中興通訊）への半導体供給をストップさせたため、ZTEはスマホを製造できなくなって悲鳴を挙げた。ZTEはファーウェイと並んで、スマホで世界的なシェアを誇り、日本でも廉価ゆえにZTEのスマホやWIFIを使っている人が多い。

かつてアメリカは日米経済摩擦のときに次世代半導体技術を日本の頭越しに韓国へ供与した。このためサムスン、LGなどが飛躍したが、こんどはアジア諸国の猛追に、戦略を切り替え、軍事同盟国イスラエルとの協同という流れに繋がったのだ。

「中国の秋葉原」からもバイヤーが消えた

直近のニュースでも中国の消費を象徴する義烏《ぎう》市の卸売り市場で店じまい、倒産が目立ち、外国人バイヤーが激減しているという。

中国の本当のGDP成長率は「マイナス」と筆者はかねてから分析してきたが、驚くべし、中国の学者のなかにも正直者がいる。

西南大学は中国のジニ係数を〇・六二としたことがある。最近も、人民大学国際通貨研究所の内部報告でGDP成長率は一・六七％（向松祚《こうしょうそ》副所長）、別の内部報告書では「マイナス」であるとした。

ジニ係数（例えばその国の富を富裕層二五％が寡占するとき〇・二五となる）は〇・四を超

えると社会暴動に至り、〇・五を越えると革命前夜の様相が出てくる。中国はネット監視、防犯カメラと顔面認識技術の全体主義国家ゆえに、まだ暴発から社会騒乱への兆候は稀薄だが、例えばウイグル自治区では政府不満分子を一〇〇万人も収容所にぶち込んで洗脳教育を施し、かろうじて治安を保っているにすぎない。

ＧＤＰ成長率の算定はかなり科学的でなければならず、米国や日本の方式は①消費（住宅投資を含む）、②民間企業の設備投資、③政府の財政支出、④貿易黒字が主軸の経常収支で構成される。

ＧＤＰに占める消費は米国六五％、日本六〇％に対して中国は三五％でしかない。そのうえ不動産価格は年初来三〇％の下落を示し、耐久財の自動車の販売は一六％減（一九年一月）、家電、そして現代人に不可欠となったスマホの売れ行きが激減している。

民間企業の投資はほとんどないが、国有企業のノルマ的投資を、中国はＧＤＰ統計に参入している。

国有企業の余剰生産能力と倉庫から溢《あふ》れる在庫処分は円滑化せず、これもＧＤＰ統計に加えている（なにしろ外貨準備高に外国銀行からのドルの借り入れも加えている国なのだ）。

政府の財政支出は輸出補助金、開発資金援助など少額で、多くが公共事業への財政支援である。それも鉄道、ハイウェー建設に付随して多くのトンネル、橋梁《きょうりょう》、インターチェンジを含み、新幹線は実に二〇〇六年開業以来二万五〇〇〇キロに達した。運賃が安く設定されているので黒字区間はない。そしてドルを稼ぐ最大の武器だった対米黒字が三七五〇億ドルに達したところで、米国は高関税を課す貿易戦争を始めた。今後、貿易黒字は激減し、中国は決定的なドル不足に陥った。

中国政府の国家統計局がでたらめな数字を発表していることはつとに知られる。地方政府のGDP水増しが三〇％前後だったことも暴露された。なにしろ統計局長が汚職で逮捕されるほど、嘘《うそ》の報告に賄賂《わいろ》が伴っていた事実を同時に物語っている。「統計」といえば、日本での標語は「活かせ統計、未来の指針」である。ところがネットで戯れ歌が生まれ、「ごまかせ統計、虚構の未来」とか「合わぬなら作ってしまえ偽統計」とか。

後者二つは、まるで中国だ。

李克強首相は「本当の数字に近いのは電力消費量、鉄道貨物輸送量、そして銀行の融資残高」とする「リコノミクス」を提唱したが、この指標を用いるだけでもGDP成長はマイナスである。

新ココムに戦々恐々の日本企業

近未来の展望があるのかと言えば、中国経済の前途は「真っ暗」と予測せざるを得ない。第一に米中貿易戦争の悪影響だ。これは「米中新冷戦」と言えなくもないが、物価高と株安、通貨安から中国人民銀行は利下げをふくめての大々的な金融緩和に踏み切らざるを得ず、しかしドルの裏付けのない通貨の大量供給は必然的に人民元下落を導くことになる。資本規制、とくにドル送金やドルの持ち出しが極度に制限され、蝗《いなご》の大群だった中国人の海外旅行ブームも突然死を迎える。

第二は前述したトランプ政権が事実上発動している「新ココム」の影響である。ファーウェイ、ZTEはいうに及ばず、スパイ摘発、企業買収禁止、福建省晋華集成電路（JHICC）の起訴などによって、スマホの生産に支障が出ている。

半導体製造装置は日本が一番と勘違いしがちだが、これに限っては米国がトップである。半導体製造装置の世界シェアはアメリカと日本とで八〇％。基幹技術を持つメーカーは世界最大手のアプライド・マテリアルズなど米企業に多い。トランプ政権が真っ先に輸出規制対象にした半導体メモリーの福建省晋華集成電路の場合、アプライド・マテリアルズやラムリサーチ、KLAテンコールなど米メーカーから装置を調達できなくなり、さらに台湾UMCの技術協力工場も縮小となって立ち往生した。

これらを日本の大手、東京エレクトロン、日立国際電気などの製造装置で一部は代替できても日本製で全工程をカバーすることは不可能なのだ。

韓国の半導体製造装置メーカーは弱体であって半導体メモリーの供給能力だけ。

ましてFBIとCIAは追跡調査で米国から輸出された特別仕様半導体の輸送ルートを突き止めている。もしメーカーの申告ルートから外れて、製品が中国に移転している場合、ただちに警告が発動される。いずれ対中ココムが発動されると日本も監視対象になるので製造メーカーは極めて神経質になっている。

げんに台湾でも中国のスパイが摘発された。

ドイツの台湾現地法人BASF（化学産業の最大手）から高純度化学品の製造ノウハウが、高額の賄賂に転んだ台湾人のBASF従業員によって中国のメーカーに漏れていた。江蘇《こうそ》省の「江化微電子材料」の新工場で生産された製造技術は、そのプロセス、ノウハウがBASFの機密とされるものだった。

台湾では内務省に「営業秘密法」を取り締まる権限が付与されており、台湾のBASF職員、元従業員の六人を逮捕した。約束された報酬は七億円で、実際に一部が支払われたが、ＢＡＳＦの見積もる損害額は一二〇億円に達すると言われる。

米国のトレードシークレット法（企業機密法）は厳格に適用されているが、日本ではこれにたぐいする法律もなければ、そもそも国家防衛機密を取り締まる「スパイ防止法」さえない。自衛隊員の結婚でも中国人を配偶者とする隊員が八〇〇名前後もいるとされ、諸外国のように「外国籍の配偶者を持つ者は将官以上にはなれない」という内規もない。現に中国人女性と結婚した自衛隊員から軍事機密が多数、中国に漏れている。

台湾ＢＡＳＦのケースは氷山の一角でしかなく、多くの日本人技術者は中国で製造ノウハウを教え込んでいる。高給でスカウトされたか、ハニートラップの結果？　電池、材料、医療器具、ＡＩ、クラウドそのほか、この無政府状態的な日本の状況をみれば、米国が日本に最高機密を供与することはないだろう。

日本がドイツとともに米・英・豪・加・ＮＺの「ファイブ・アイズ」に加盟できる要件もないということである。

かつて冷戦下のココムは、ソ連への軍事転用技術の輸出禁止と監視だった。東芝が潜水艦のスクリューの加工技術が因縁をつけられて賠償させられた。したがって半導体装置を日本が中国に供給するような事態が暴露されると日本企業ばかりではなく親会社まで含めてアメリカ市場から締め出される。

ことほど左様にファーウェイの通信機器を同盟国にも使わせないというアメリカ政府の強硬姿勢を見れば、単なる経済的な問題ではなく、ハイテク技術をどちらの国が握るかという技術覇権の争奪戦争が明らかとなる。

加えてペンス副大統領の演説にもあったように「中国製造2025（メード・イン・チャイナ2025）」のプロジェクトに対してもトランプ政権は強硬姿勢である。このため全人代報告では「中国製造2025」について、一言も語られなかったのである。

目も当てられない国内問題が山積

第三が中国企業の開発に致命的欠陥があり、先行きの技術は独自に開発が進まない。特許出願件数世界一などと騒ぐ向きもあるが、出願と特許成立件数とは異なり、だぼ鯊《はぜ》のような出願現象を気にする必要もなく、まして「先端技術研究」の論文発表で、中国が三〇のハイテク分野で八〇％を占め、米国を抜いた等とするのも偏った分析である。

学術論文で中国人学者が集中しているのは習近平国家主席が国策として推進するEV（電気自動車）、ならびに自動運転関連の電池、半導体、そして新素材と医療バイオである。だが「頭でっかち」で生産現場ならびに生産ノウハウを伴わないハイテク研究などは机上の空論に等しい。軍事ロケットを作れる国が自国でスマホも自動車のエンジンも、高級鋼板も生産できないではないか。

第四に景気悪化にともなって新卒の就職が困難になったばかりか、軍人と警察OBたちのスト頻発は年金への不満が爆発しているからだ。

働き手に適合した職場が激減しており、工場ストライキが頻発し、いずれ社会騒擾《そうじょう》に発展する。彼らこそ革命予備軍である。

第五に少子高齢化の激変ぶり、一人っ子政策をやめても新生児は減り続け、人生観の変化は若い世代の結婚観も変えてしまった。

過去七〇年間で初めて、中国が人口減少に直面し、「一人っ子政策」をやめたはずなのに新生児が増えていないという未曾有《みぞう》の事態に直面した。

二〇一八年人口統計速報で、中国の人口が二五〇万人も減っていた。同年に死亡した人が一一五八万人で、新生児より一二七万人多く、事前予測では七九万人が増えるはずだったが実際には二五〇万人も減少していた。とくに減少が著しいのは山東省青島市で集団疎開でもあったかのような人口減。実にマイナス二一%だった。山東省は歴史的に見てもDNAから見ても人口の流動性が高く、また軍人が多いので、移動を躊躇《ちゅうちょ》しない。日本が建国した満洲時代には山東省から一〇〇〇万人が満洲に入植したほどだった。

それはともかく一九七九年に一人っ子政策が導入されて以来、それでも中国の人口は増え続けた。ところが経済発展とともに、中国人の人生観、価値観が一変した。農村では依然として女性の新生児誕生が喜ばれず、男性人口が増え続けたことも手伝ったが、一人っ子は甘やかされ、大学へなんとしても入学させようと両親、祖父母らが躍起となる。その結果、二〇一八年の大学新卒が八三四万人！　新世代の価値観は結婚しない。しても子供を作らない。日本と変わらない意識だが、拝金主義で、輪廻転生を信じない中国人は一代限りで人生を愉しめば良いという「テツガク」が流行する。生涯独身は三七〇〇万人！一般的に分娩《ぶんべん》費ばかりか幼稚園、小学、中学と教育費が嵩《かさ》む一方であり、加えて住宅ローンに追われる人々が多い。

中国金融界を潰す「チャイナ・プレミアム」

第六に国内財政危機は不動産ローン残高が四六〇〇兆円、地方債残高が一五〇〇兆円内外もあることに代弁されるように、奇策、詐術を使ってももはや経済の回復は覚束ないだろう。中国のドル払底ぶりが露見したのは外銀からドルをかき集め短期債権で繰り延べている実態が判明したからだった。凄《すさ》まじい自転車操業が連日繰り返されている。

中国の公式データによれば、金利（公定歩合。二〇一九年二月十六日現在）は四・三五％である（ちなみに米国は二・五％、日本はマイナス〇・一％）。預金金利は〇・三五％、銀行間〇％、住宅ローンは五・三〇％。

これらの数字は公式発表で実態の金利はまったく異なる。高金利でしか貸し出しは行われていない模様だ。

中国の国債の金利は三・〇九％である。

これを国際比較で見ると、

米国……………………二・六六％
日本………………▲〇・〇二％
アルゼンチン………四三・九四％
トルコ…………………二四・〇〇％
メキシコ………………八・二五％
ロシア…………………七・七五％

ここまで見ると中国の金利体系はやや高金利だが、メキシコやロシアに比べると、まだ「健全」の範疇《はんちゅう》に入るだろう。

ところが中国は外貨払底のため、外銀からドルの調達を展開してきた。かつての「ジャパン・プレミアム」のように、二％上乗せ金利があった。銀行の経営を圧迫したばかりか、日本企業は在米資産をたたき売ってドルを調達したのだった。ロックフェラーセンター、ロスの目抜き通りウィルシャー・ブルーバードの多くのビル、ハリウッド映画。これらをそそくさと売却し、ドルを確保するというかつての状況が、中国の金融界でも常識化してきた。米国が国際政治の裏面で工作したことは、邦銀のドル融資を立ちゆかなくさせ、日本の銀行つぶしという隠れた目的があった。それまでは世界主要銀行ランキング十傑のうち、六行が日本の銀行だった。いまでは昔の名前で残っているのは三菱だけ、三井は住友と合併し、富士と第一勧業そのほかが大合併して「みずほ銀行」となり、山一証券、北海道拓殖銀行は倒産に至った。この間、同時に多くの企業が倒産を余儀なくされ、レイオフされ自殺したエリートが頻出した。このパターンがいま、中国で踏襲されようとしていることになる。

中国は株式上場が規約の厳格化でままならないばかりか、投資家が企業株にそっぽを向いた。「株が駄目なら社債があるさ」とばかりに不動産関連企業は、窮余の対策としてドル建ての社債発行を行った。直近三カ月の平均利回りは七・八％、前年比二・二％もの「チャイナ・プレミアム」が上乗せされている。ロシアの一〇年もの国債が七・七五％、中露は近似してきた。王岐山《おうきざん》副主席の関与が深いとされる「海航集団」が昨秋（一八年）発行した社債金利は一二％だった。ところが、不動産大手の「当代置業」が、この一月に発行した社債金利は、実に一五・五％にもなっていた。

このことは中国の不動産暴落が確実に始まっていることを物語る。「エクセレント・カンパニー」の一つとされる「恒大集団」さえ、八％から九％の金利である。中国企業全体で、過去二年間におよそ一〇〇〇億ドルの社債が起債された。国際決済銀行（ＢＩＳ）は中国のドル建て負債を五〇〇〇億ドル超としている。そのなかには債務不履行が多く含まれているが、その正確な実態を国際通貨基金（ＩＭＦ）も、ＢＩＳも掴《つか》んでいないようである。

ドル建て社債の目的は短期の借り換えにあり、社債の償還期限が平均二年半に設定されている。企業の財務が、火の車の実態を裏書きしている。つまり前向きの投資のためではない。すべてが後ろ向きの資金繰りなのである。ドル建て社債には近未来に想定される「元安リスク」が上乗せされ、もし人民元の対ドルレートが一〇％下落すれば、それに比例した高い利息の支払いが迫られることになる。

台湾の半導体企業も米の制裁対象に

第七に海外プロジェクトの蹉跌《さてつ》、つまり一帯一路が各地で頓挫し始め、これら対外純債権は天文学的な不良債権となる。ニカラグア運河中止、ベネズエラ新幹線、マレーシア新幹線の中止ばかりか、習近平国家主席の目玉であるＣＰＥＣ（中国パキスタン経済回廊）の建設が各地で頓挫しており、このような失敗例が世界各地で山積みとなった。

典型その一はパキスタン経済だ。シルクロード関連で中国から六二〇億ドルを借りたが、パキスタンはインフレ、失業悪化、経済は極貧のままであり、明らかに借金を返せない。

イムラン・カーン（パキスタン首相）は訪中し、救済を要請したところ、李克強首相は「両国関係は全天候型であり、あらゆる協力を惜しまない」と発言したものの、約束した緊急支援の二〇億ドルはまだ送金されていない（一九年二月現在）。そこで、パキスタンは救世主のサウジを拝むことになる。

一九年二月十七日、サウジアラビアのサルマン皇太子がイスラマバードを電撃訪問した。すでにカーン首相は二回サウジを訪問し、五〇億ドルの緊急支援を得たが、今回の正式訪問でサルマン皇太子は、七つの契約書に署名し、合計二〇〇億ドルのプロジェクト支援を表明したのである。

ＢＲＩＣＳ（ブラジル、ロシア、インド、中国、南アフリカ）は機能しておらず、トランプ大統領に楯突くかに見えるプーチン大統領はかならず勝ち馬に乗るだろうし、ブラジルでは反中大統領が誕生、インドは中国とビジネスは展開しても軍事は対立、南アはＢＲＩＣＳメンバーの資格を問われているほどだ。鳴り物入りだったアジアインフラ投資銀行（ＡＩＩＢ）も、あれだけの大騒ぎだったが資本金一〇〇〇億ドルのうち、振り込まれたのはわずか九〇億ドル（二〇一八年九月三十日時点）、すでに機能不全だ（誰でしたっけ？「バスに乗り遅れるな」って叫んでいたのは）。

ここへきて、とくに注目されるのはトランプ政権が成立させた「国防権限法（ＮＤＡＡ）」により、友好国・台湾の半導体企業さえ制裁の対象になったことである。

二〇一八年十一月一日、米司法省は台湾のＵＭＣ（連華電子）を米社マイクロン・テクノロジーの半導体特許を侵害したとして訴え、台湾人三人と中国側企業のＪＨＩＣＣ（福建省晋華集成電路）を同時に起訴した。

近未来を予測するに、これは象徴的な事件なのである。

意味することは中国国内においても半導体を生産しているＵＭＣにとって事実上の生産

中止に追い込まれることであり、UMC株価は九・七％下落のストップ安となった。

UMCは米国の圧力に負け、中国における「協力を縮小する」としたが、工場は事実上生産中止状態だ。中国はすぐさま反応して、米マイクロン製品の中国における販売を禁止した。同社の売り上げの半分は中国が市場である。このケースが物理的に米中ハイテク戦争の典型例となる。

ほかに懸念される外国企業は大連でフラッシュメモリーを生産しているインテル。南京でシステムLSIを生産している台湾最大手「TSMC」、西安でフラッシュメモリーを生産している韓国サムスンなどだ。

UMCは一九八〇年に台湾で誕生したファンドリー専門メーカーだ。一九八五年には早くも台湾で株式公開、半導体技術者が寄せ集まった若い企業で社長は数十の特許保持者でもある。その後、日本の新日本製鉄の半導体部門も買収して日本にも拠点を確保し、二〇一七年からは福建省厦門《アモイ》に工場を開設した。

大陸へのハイテク移転を警戒する蔡英文《さいえいぶん》政権の制止を聞かず、およそ三〇〇の優秀な技術者が中国へ移動して製造に当たった。工場の事実上の閉鎖により、これら台湾の優秀なICエンジニアが中国企業に引き抜かれている。この事態も深刻である。

米国の「国防権限法」が標的としている「中国製造２０２５」に唱われた「半導体育

成」プロジェクトは中国が半導体の自給率を一〇%から八〇%程度に高め、中国国内で質の高い半導体を作る計画だ。そのために三大拠点をもうけ、イノトロンがDRAM（半導体記録素子の一つ）工場を安徽《あんき》省の合肥《ごうひ》に、前掲のJMICCがやはりDRAMを厦門に（これに台湾UMCが協力してきたのだ）、そしてフラッシュメモリーを手がける長江ストレージが湖北省武漢に設置、それぞれが近代的設備の工場造成に五〇〇〇億円以上を投下してきた。

一方、中国で製品販売拒否にあった米マイクロン・テクノロジーも一九七八年にカリフォルニアで誕生した若い会社だ。各種メモリーを手がけて急成長し、世界有数の半導体メーカーとなってナスダックに上場している。DRAM生産では韓国サムスンについで世界第二位。

台湾のUMCが米中ハイテク覇権競争で、標的にされたのも、台湾が無造作に米国が敵対する中国と協力的かつ無神経に技術移転を行ってきた姿勢が問われたからである。

「アンチ・チャイナ」が西側の世論

世界で傲岸不遜《ごうがんふそん》、傍若無人に振る舞ってきた中国だが、一八年から海外の中国経済を見る目が冷たく、また一段と厳しくなった。

第一に米国の対中政策の一八〇度の転換ぶりは、全米に拡がるアンチ・チャイナという世論が、むしろ積極的にトランプ大統領を支援しており、議会もメディアも、トランプ大統領より反中的であることは周知の事実となった。各国はこの米国の方針転換を慎重にウォッチしている。

第二にファイブ・アイズの態度激変も顕著である。英海軍は米軍の「自由航行作戦」に本格的に参入する。フランスも南太平洋のニューカレドニア、タヒチなどをかかえるため空母を派遣し、英仏共同作戦を展開する見通しだ（第一章参照）。

第三に南太平洋の島嶼《とうしょ》国家群への中国のカネにあかせたアプローチに赤信号が灯った。米英仏ばかりか、この宏大な海域の南側は豪の前庭にもあたり、パプアニューギニアへの光ファイバー工事から中国企業を排斥したうえマーシャル群島には米軍と共同の軍事基地再建に踏み切る。バヌアツにも中国は港湾の租借《そしゃく》に動いていたほか、フィジーでは軍事政権を支援し、無償で首相官邸を改修し、近代的港湾設備を請け負って首都のスパには大きなチャイナタウンが出現している。ちなみにフィジーのスマホ市場は英ボーダフォンの独占となっている。これら南太平洋における中国の暗躍ぶりに米英仏豪は対抗策を採り始めた。

第四に「インド太平洋」戦略が前面に出てきたことである。ペンス副大統領がポート・モレスビーで開催されたアジア太平洋経済協力（APEC）で打ち上げたように「インド太平洋梃子入れ」の各種プロジェクトに六〇〇億ドルを投じる。豪州も「南太平洋インフラ銀行」を二三億ドルで設立する。インドは周辺国（パキスタン、モルディブ、スリランカなど）への中国の軍事拠点化を極度に警戒し、例えばモルディブに一三億ドルの信用供与を行う。サウジアラビアもパキスタンへの梃子入れを強化し、緊急に六〇億ドルを融資し、その後、二〇〇億ドルを追加した。

第五は東南アジア諸国連合（ASEAN）ならびにAPECで、一部カンボジア、ラオスをのぞき、中国が四面楚歌《しめんそか》となっている実態がある。

第六は中東、とくにシリアが停戦することを見込んで中国企業一〇〇社がプロジェクト準備に入っているなどの情報は、関係国を疑心暗鬼にさせる。

中東石油に依存する中国と、中東への興味を稀釈させて、「インド太平洋」へ目を向けた米国の姿勢の違いは明瞭である。

第七に「遺された市場」＝アフリカ各地で反中暴動が起こり、中国と癒着した腐敗政権批判がケニア、ウガンダ、スーダン、ガーナ、マダガスカルなどで表面化し始めた。二〇一八年に中国は五三カ国のアフリカ首脳を北京に集め、今後三年間で六〇〇億ドルなどと大風呂敷をひろげたが、過去の実績（前回も六〇〇億ドルを打ち上げ、実際に実行されたのは八八億ドルだった）から判断しても、本気と考えるアフリカの政治家は少なく、当面の興味は自分のポケットに幾ら入るかということだ。

中国の対アフリカ融資はジョンズ・ホプキンズ大学の調査によると、二〇〇〇年から二〇一六年までに一二五〇億ドル（約一四兆円）。中国輸出入銀行は「二〇一五年までに直接投資、ソフトローン、銀行貸し付けを含め、一兆ドル（約一一二兆円）に達する」と豪語していた。

第八に中国を庇《かば》ってきた国際通貨基金（ＩＭＦ）・世界銀行も欧州連合（ＥＵ）本部も中国の無謀な遣り方に距離を置き始め、国連でも中国の孤立化が目立つようになった。国連における王毅《おうき》外相の演説もシンガポールの経済フォーラムにおける王岐山《おうきざん》（国家副主席）のスピーチも、拍手はまばらだった。

反中の急先鋒「ファイブ・アイズ」

５Ｇ開発をめぐって世界の先端的な大学研究所、ラボでは優秀な学生を集め、日夜、開発・研究に鎬《しのぎ》を削っている。

トランプ大統領の決定により、米国はファーウェイ製品の排除を決めた。「ファイブ・アイズ」の国々のなかでも英国、豪州、NZは排斥の列に加わったが、カナダがいま一歩態度不明である。日本は政府系からファーウェイ使用自粛を決めている。トランプ大統領はドイツに対しても、この路線への同調を迫っている。

英国オックスフォード大学はファーウェイから七五〇万ドルの寄付申し入れがあって、大学理事会はいったん受け入れたが、「保留」にし、当該の研究生にメールで通知した。イギリスの情報機関であるMI6の幹部が「日々の捜査でファーウェイの不正な技術盗取の実態が明らかとなっており、明らかな証拠もある。ファーウェイ創業者の任正非が記者会見でしらを切るのは当然であり、当該研究者、関係者は『厳重な警戒が必要』だ」と通告していた。

ファーウェイの寄付はオックスフォード大学のほか、スレイ大学、ケンブリッジ大学にもそれぞれ一〇〇万ドルの寄付を行っており、米国でもコンピュータ技術でトップを走るカリフォルニア大学サンタバーバラ校（UCBA）に同額の寄付をなしてきた。標的がすべて次世代通信技術の5G開発で世界の先端をいくラボに集中しているのも、いかにも中国らしい遣り方だ。

豪政府高官だった三人をファーウェイは、「取締役」に雇用し、高給を支払って事実上の代理人を務めさせ、オーストラリア市場の拡大に協力させてきた。豪政府は労働党のジラード政権からターンブル保守政権まで、国家安全保障部門は、ファーウェイへの警戒を怠らなかった。

「ファーウェイ（豪）」は現地法人を装いながらも、事実上のスパイ機関として、機密情報を入手していた。二〇一一年からファーウェイ豪社取締役になっていた三人の高官とは、ジョン・ブルンビー元ヴィクトリア州副首相、ダウナー外相、そしてジョン・ロード元海軍中将で、いずれもが「ファーウェイのスパイ行為という陰謀論には証拠がない」と中国を擁護してきた。

豪メディアは三人に疑惑の目を向けてきた。それというのも孟晩舟《もうばんしゅう》が二〇〇五年十月から一一年八月まで、中国と豪の間を行き来していたからだ。

米国が起訴に踏み切ったのは二三の容疑で、イランへの不法輸出と迂回路の送金のほかに様々なスパイ容疑が俎上《そじょう》には載せられている。資金洗浄と迂回送金に利用された香港上海銀行（ＨＳＢＣ）は、ファーウェイとの取引から撤退している。ユニオンバンク・オブ・スイスランド（ＵＢＳ）も取引中止に踏み切った。

中国はなんとしても孟晩舟の米国への身柄引き渡しを阻止するべく、在中国のカナダ国籍一三名を拘束し、さらに中国人だが豪国籍を持つ楊という作家を拘束した。対抗して豪政府は政治献金を繰り返した大富豪の中国人から永住権を取りあげた。すると中国は石炭輸入をキャンセル。八〇万本の豪ワイン輸入をドタキャンするなどの嫌がらせに出た。中中国がカナダに対して猛烈な圧力をかけた経過は見たが、弱腰トルードー首相とて、ファーウェイには厳しい姿勢を示した。駐北京カナダ大使の親中発言に激怒、大使を召還した。

かくしてファーウェイ問題、これからの裁判の行方に注目が集まる。

またこんな事件もあった。反トランプ派が多い在米の中国人留学生も、習近平批判キャンペーンを続行しているが、中国で拘束されている活動家の釈放を求めるようにトランプ政権に圧力をかけている。

中国民主党の元主席、王炳章《おうへいしょう》の娘、王チアナ女史（カナダ国籍）は二〇一九年一月十六日に北京空港で二時間にわたり拘束されたことが分かった。帰国後にカナダの新聞が伝えた。王女史は江蘇省杭州空港で、中国への入国を拒否され、いったんは韓国へ。ソウルから北京トランジット後、トロントへ向かう便に搭乗するため、北京で乗換手続き中に夫や娘と引き離され、別室で六人の国家安全部と思われる男たちから、「カナダには帰国させない」と嫌がらせ、脅迫を受けた。携帯電話の使用も許可にならず、北京のカナダ大使館への連絡も許されなかった。

中国は一三名のカナダ人をスパイ容疑だと言って拘束しており、なかには麻薬密売に関わったカナダ人に対して、大連地裁が「死刑」判決を言い渡した。このためカナダでは人権尊重の立場から世論の激昂《げっこう》があり、交渉はなに一つ進展していない。

王炳章博士は一九七〇年代後半に改革開放の波に乗ってカナダへ留学した医学博士。一九八二年に米国へ出て「自由、民主、法治、人権」を綱領に掲げた「中国の春」を立ち上げ、世界各地の中国人留学生がたちまち共鳴し、三〇カ国に支部ができた。その後、「中国民主党」を結成し、初代主席に。天安門事件では直後に北京入りを図ろうとして成田空港で搭乗拒否にあった。中国民主党には北京から工作員やスパイが潜り込んで組織の分裂を策動し、幾つかの会派に分裂、弱体化を余儀なくされた。

二〇〇二年に中国国内の同調者を拡げようとベトナムから広西チワン自治区に潜入を図ったところ、囮《おとり》捜査で逮捕され、無期懲役となった。このような履歴から「中国のマンデラ」とも言われ、米国ではワシントン、カナダはトロントを中心に「王博士釈放」を要求する集会やハンストがたびたび行われてきた（王博士の詳細は拙著『中国の悲劇』を参照）。

すでに実質的な新ココムの発動が、これから中国経済に強烈なブローとなるだろう。

中国のＥＵ投資さえ激減

中国の対ＥＵ投資も激減したことが分かった。二〇一六年に中国がなした対ＥＵ投資は四〇〇億ドルだった。二〇一七年には三三七億ドルに減少していた。

とくに二〇〇三年に法制化した規制に従って、フランスはエネルギー、通信、運輸分野に対しては「たとえ外国との合弁、あるいは買収が合意されていても、国家安全保障に関わる案件と判明すれば、後日でも拒否できる」という規制法がある。

マクロン政権はこの規制に基づき中国のＳＴＸ造船の買収を拒否したうえで、国有化した。なぜならＳＴＸ造船はフランス海軍の軍艦を作る枢要な企業だからだ。二〇一八年にフランス経済財務省は、さらに規制を強化し、ＡＩ、サイバー・セキュリティ、ロボット、ビッグデータ分野での企業買収を認めないばかりか、合弁も禁止した。そのうえで、フランスはファーウェイ問題でサイバー安全保障チームの増強を検討している。

英国もフランス同様に中国からの投資に警戒感を強め、不動産開発は歓迎するものの、エネルギー分野、農業投資（バイオ、遺伝子）などへは案件別に精密な審査を行うとした。メイ政権は米国同様にファーウェイ製品、とくにスマホの公務員の使用を制限する。また中国がオファーしている原発建設なども再検討する。

中国に大甘だったドイツも、ようやく昨今は警戒感を強め、ロボット製造メーカーの買収を蹴飛《けと》ばしたばかりか、中国資本の独アイクストロン（半導体装置メーカー）社買収を拒絶する挙に出た。というのもアイクストロン社の部品の一部が米軍兵器システムに使用されており、二〇一九年早々に、正式にキャンセルした。

ドイツの隣国ポーランドではファーウェイ職員をスパイ容疑で逮捕した。

ポーランドのファーウェイはドイツの通信技術収集の拠点でもあったという分析があるが、その可能性もあるだろう。というのも、ドイツは5G技術開発で米中とならんで先頭集団にあり、セキュリティの厳格化を検討している。ダイムラーベンツは九〇億ドルの株式購入を中国ジーリー（吉利汽車）に認めた。フォルクスワーゲンは中国で三七〇万台ものクルマを生産している関係で、いまやメインバンクはドイツ銀行ではなく中国工商銀行だ。EU議会は先ごろ中国からの投資を共同で審査する規制強化のメカニズム作りを表明した。このタイミングで北大西洋条約機構（NATO）のストルテンベルグ事務総長は、NATO加盟国全体で一一兆円の国防費増額を表明し、トランプ政権の強力な要請に応じた。

世界は急速に変化している。日本の周回遅れが気になる。

第三章　アジア「反中ドミノ」にのたうつ巨竜《ドラゴン》

世界各地で「反中ドミノ」

二〇一八年五月のマレーシア選挙で親中派のナジブが落選し、パキスタンでも親中派政権が交代し、九月にはモルディブでやっぱり親中派大統領が大差で落選した。同年十月には遠くアフリカのマダガスカルでも親中派大統領がみごとに落選した。

新政権となると、かならず暴かれるのが前政権と中国との癒着である。

例えばモルディブも御多分に漏れず、首都マーレ警察は二月十八日にヤミーン前大統領を拘束し、「近く証拠が固まれば起訴されるだろう」とした。現地のメディアが伝えた。国庫からくすねた額はおよそ一〇〇〇万ドル。イスラム系銀行の口座に隠され、資金洗浄がなされていた。札束を自宅へ届けたと証言するバイク配達の若者もテレビで証言し、ヤミーン時代に発禁処分とされていたメディアも復活し、一斉に報じた。

モルディブ政府は現在、ヤミーン前政権が、中国からいったい幾ら借りたのか、借金は全体で幾らあるのかを精査している。この財務精査の過程で、ヤミーン時代の面妖《めんよう》な取引、その送金ルートの明細や不明瞭な使途などが明るみに出た。あたかもマレーシアの1MBDファンドから大金を横領していたナジブ前首相の経済犯罪と似ているが、少額の汚職なので、世界の金融界は嗤《わら》っているだけである。

中国は空港と首都マーレを繋いだ海上橋梁を請け負い、二〇一八年九月の大統領選挙直前の八月三十一日に完成させた。空港の拡張工事も中国が請け負っていた。インドは、あたかも下腹にナイフを突きつけられたような要衝にあるモルディブの動向に神経を尖《とが》らせ、軍港に転用される可能性を監視してきた。また新政権発足と同時にモルディブ重視に傾き、当面の金融システムの安定、信用回復のために一四億ドルの信用枠を供与した。

いずれも中国が持ちかけた一帯一路にうっかり乗って借金の山をこしらえ、国民から不満を買っていた。不正、賄賂が附帯するから、国民の不満が選挙で爆発するのだ。

「中国の一帯一路って、帝国主義時代の英国がアヘンを売りつけたように、植民地主義の搾取ではないか」とする批判が世界的規模で拡がったのだ。

当面の喫緊事は親中派の代表格だったパキスタンの経済悪化である。

国際通過基金（ＩＭＦ）がパキスタンの財務状態を究極的に「デフォルト」と宣言するのは時間の問題となった。もし、デフォルトとなると中国が推進してきた中国パキスタン経済回廊（ＣＰＥＣ）の六二〇億ドルもの壮大なプロジェクトは挫折することになり、中国は八〇％ほどの債権放棄を迫られる。

この事態がくると習近平国家主席はメンツを失うことになり権力基盤もぐらりと揺らぐ。

そこでパキスタンのイムラン・カーン首相は財務危機解消のためサウジと中国を訪問し、追加の融資を要請した。サウジは六〇億ドルの緊急融資を約束し、またＵＡＥ（アラブ首長国連邦）も三〇億ドル援助を約束し送金は完了させた。そのうえで二〇一九年二月、サウジ皇太子がイスラマバードを訪問し、追加二〇〇億ドル支援を約束したのだ。

スリランカでも中国問題で異変が起きた。

スリランカ政府は先ごろ中国に対して「プロジェクト現場に中国語と英語の看板があっても、われらが母国語のシンハリ語とタミール語の表示がないのは、ローカルランゲージ法に違反する」として改善を求めた。

ほかのアジア各地でも中国語の看板が目立ち、現地語、英語が併記されているが、ラオスの山奥では中国語だけ、売り出しマンションの価格も人民元のみ記載されている。まるで植民地のような地域もあり、住民の不満が昂じている。

スリランカの対外債務は五三一億ドル（二〇一八年九月末時点）。翌一九年に償還期限が来る負債額は四九億ドル。さらに二〇二〇年までにあと一五〇億ドル。パキスタンと同様にスリランカがＩＭＦ管理になるのは時間の問題かもしれない。

九九年の租借を飲まされ、ハンバントタ港を中国に明け渡す無惨な結果を招いたのはラジャパクサ前大統領の、強気の読みと中国との親密なコネクションからだったが、結局は返済できず「借金の罠《わな》」に落ちた。番狂わせで彼は落選し、無名のシリセナがスリランカ大統領となった。

コロンボからスリランカの名勝地キャンディに至るハイウェーは途中悪路、崖《がけ》や河沿いを縫《ぬ》うように、車で四時間近くかかる。鉄道もあるが、一日二本程度、しかも外国人観光客でほぼ満員だ。この区間にハイウェーを通すのはスリランカの政治家なら誰もが魅力と思うだろう。ましてや票に繋《つな》がる美味しいプロジェクトと考えられた。ところが資金不足に陥り、現場労働者の日当が支払えず、あちこちで工事が中断した状況になっていた。

喫緊の課題は償還期限のきた負債処理で、債務不履行に陥りそうな状況はパキスタンと同じ。ここで救世主として登場するのが、サウジではなくインドである。

インドはモルディブへ一四億ドルの信用供与に踏み切った後、こんどはスリランカへも同額の信用供与を「通貨スワップ（異なる通貨間のキャッシュフローを交換する取引）」を通して行い、工事が中断している高速道路工事に廻す手筈《てはず》を整えた。なにしろインドは中国の浸透を快しとはしていないゆえに無理をしてでもスリランカを救済し続けるのだ。

英国海軍は「自由航行作戦」に本格参入することを決めた。当面、シンガポールかブルネイに海軍基地の拠点確保へ動き出した。

英国防大臣ガヴィル・ウィリアムソンは『サンディ・テレグラフ』紙との独占インタビューで、英海軍は「ＢＲＥＸＩＴ以後のグローバル・プレイヤーとしての任務からも、南シナ海における自由航行作戦に深く関与する。このため英海軍の拠点を、一、二年以内にシンガポールか、ブルネイに確保する用意がある」とした。中国はただちに猛反発し「地域の安定化を損なう無謀な挑戦であり、受け入れられない」と反感を募らせたが、中国のシンクタンクの反応は以下のように極めて冷静だった。

というのも、一九六〇年以降、英海軍はスエズ以東に引き下がっており、地中海でもマルタ、ジブラルタルに拠点があるのみ、インド洋のディエゴガルシアは米海軍に貸与している。まして、冷戦終了以後、英国の国防予算は半減しており、どう考えても、英海軍がかつての栄光を求めてアジア海域に復活するなどとは考えにくいからである。シンガポールは、この話に前向きである。げんに米空母が寄港している。

ブルネイは中国の集中投資が行われ「一帯一路」に協力的であるし、同時にブルネイ軍は中国人民解放軍との共同訓練も何回か行っており英国海軍に協力するとは思えない。

米軍の動きだが、南シナ海の七つの島は動かせない軍事基地であり、ロジスティックス（兵站）も遠距離すぎて防御困難、それこそ米国の戦略研究家・エドワード・ルトワックは「五分で壊滅できる」と突き放している。

動かない空母のような南シナ海の中国軍基地の脆弱性《ぜいじゃくせい》は明らかだろう。

加えて米議会は「チベット旅行法」を可決した。

主旨は米国人外交官、ジャーナリスト、公務員のチベット入境が許可されない限り、中国側から派遣されるチベット官憲も米入国を認めないというものだ。新疆《しんきょう》ウイグル自治区における少数民族弾圧への抗議に連動する。

正式には「チベット双方入国法」。ちなみに英語名は「THE　RECIPROCAL　ACCESS　to　Tibet　Act　2018」

同法は米上下議会を通過していたが、二〇一八年十二月二十日、トランプ大統領が署名し、チベット旅行法は正式に成立した。

この背景には直接的にチベット系アメリカ人団体、インドにあるダライ・ラマ政府などが米国議会に働きかけてきたもので、中国のロビイ工作が激しかった時代には議員らの理解は稀薄だった。

下院ではジム・マクガバン議員が中心となって超党派の議会工作が続けられてきた。要するにアメリカ人外交官、公務員、ジャーナリストらがチベットへの旅行を許可されず、また一般のアメリカ人観光客も団体ビザしか認められず、制限された行動予定、ホテルの限定など厳しい条件が付いた（日本もまったく同じで、かつて読売新聞の浜本良一特派員がチベット取材に行ったが入境を拒否された。筆者は成都から団体ツアーに紛れ込んでラサへ行ったことがあるが）。

またチベット系アメリカ人の里帰りも認められず、家族と長きにわたって連絡の取れない人々が世界に散らばっている。もちろん、日本にも相当数のチベット人が暮らしているが、本国との連絡が十分にとれていない。

外交では「双務主義」が原則である以上、アメリカ人外交官、公務員、ジャーナリストの入境を拒否した中国官憲ならびにその責任者は米国への入国を認めるべきではないとする法律は超党派の支持を得ており、公聴会が何回も開催されてきた。大統領署名後は国務省が議会への報告義務を負う。

ことほど左様に米国の対中政策は劇的な変貌《へんぼう》を遂げており、親中派の多い日本も、否応なく追随せざるを得ないのである。

借金地獄も止められない中国の鉄道建設

中国は不況対策に本腰を入れ始めている。李克強首相のコメントにも「苦境に陥っている」とのボキャブラリーが加わっている。矢継ぎ早の救済策が出ている。数字の誤魔化し《ごまか》しも限界に達し、国有企業の資金繰りができなくなり、失業者が街に溢《あふ》れ、物価は上昇し、政府への不満は高まる。だから無理矢理の公共事業を続行せざるを得なくなる。

中国の新幹線の延長工事、二〇一九年も拡大させ、邦貨換算で一三兆円を投入する。日本の公共投資全額の二倍ほどが、新幹線だけに投じられることになる。

二〇〇六年の北京~天津間の新幹線開業以来、わずか一三年間で営業距離は二万五〇〇〇キロを越え、まだ果てしなく新幹線を張り巡らせる。ちなみに日本は半世紀かけてやっとこさ三〇〇〇キロ。だがJR東海も、JR東日本も「黒字」経営である。中国の新幹線、毎年の収入が九兆円強で、ここから維持費、保全費、人件費、電力など「必要経費」を差し引くと明確に慢性的かつ天文学的な「赤字」構造が読み取れる。

昔々、日本の国鉄は慢性的赤字、士気の弛緩、親方日の丸、労働組合の過激化と国民から総スカンを食ったストライキなどの理由で赤字経営を続けた。侃々諤々《かんかんがくがく》の議論のすえに民営化され、累積債務は「国鉄清算事業団」に移された。その債務残高は二四兆円だった。中国の鉄道は世界一の営業キロを誇り、一二万七〇〇〇キロ。このうちのおよそ二割（二万五〇〇〇キロ）が新幹線（中国は「高速鉄道」という）である。

一九年一月二十九日に発表された北京交通大学都市化研究センターの研究によれば、「中国新幹線（高速鉄道）は借金も『高速増殖』だった」として、累積債務を七〇七億ドル（約七八兆円）と見積もった。

同センターに拠れば、黒字区間は「北京〜上海」と「北京〜広州」の区間のみ。ほかはすべて赤字。ちなみにコストvs.効果計算で、北京〜上海の乗客はキロあたり四八〇〇万人、最もひどい赤字区間は万里の長城の最西端から新疆ウイグルを繋ぐ「蘭州《らんしゅう》〜ウルムチ」で、キロあたり二三〇万人。ちなみに日本のJRの新幹線のそれは平均でキロあたり三四〇〇万人である。

この無謀とも発狂的とも言える鉄道建設は、借金地獄をさらに悪性のスパイラルへ向かって暴走、突進を続けさせる。中国全土に幽霊都市を建設して業界を存続させてきたように、国有企業の中国鉄道建設と系列の企業群の延命だけが目的だったのか。

二〇〇五年から積もりに積もった累積赤字七八兆円というのは、日本の旧国鉄の赤字の三倍強であり、この新幹線プロジェクトの暴走ぶり一つを例にしても、近未来に起こるであろう、恐怖のシナリオが見えてくる。なぜ、こんな赤字体質をさらに肥大化させるような愚劣なプロジェクトを中国の執権党が続けるか。

第一は景気浮揚のため、プロジェクト継続という至上命令がある。工事を担う産業構造はピラミッド型であり、全額出資子会社はインフラ建設だけでも十数社がある。

中鉄一局（陝西省《せんせいしょう》西安市《せいあんし》）、中鉄二局（四川省成都市）、中鉄三局（山西省《さんせいしょう》太原市《たいげんし》）、中鉄四局（安徽省合肥市）、中鉄五局（貴州省貴陽市）、中鉄六局（北京市）、中鉄七局（河南省鄭州市）、中鉄十局（山東省済南市《さいなんし》）に加えて中鉄大橋局（湖北省武漢市）、中鉄電気化局集団（北京市）、中鉄建工集団（北京市）、中鉄隧道集団（河南省洛陽市《らくようし》）、そして中鉄国際集団（北京市）という構成になる。これらの国有企業に従事する労働者から設計技師、エンジニア、電気工事、運搬など、発電事業とならんで中国経済の中枢の位置を占める。

第二に海外の新幹線受注は一部入札を競り落としていても、ベネズエラでは正式に中止、マレーシアは二〇％で中断、ラオスは国境付近のみ。インドネシアは用地買収ができず着工にも至らず、タイは青写真のまま、ベトナムはそっぽを向き、とどのつまり、海外が駄目なら内需で凌《しの》ぐしかない。

マレーシアのアズミン経済相は一月二十六日、「東海岸鉄道計画」の中止を正式決定した。この東海岸鉄道計画はナジブ前政権時代の二〇一六年十月から進めてきたプロジェクトで、マレー半島を横断する全長六八八・三キロ、総工費八一〇億リンギ（約二兆一五〇〇億円）だった。

ナジブ前首相が積極的に推進し、そのために設立したファンド「1MDB」から数十億ドルの使途不明金、さらには六億ドルという破格の手数料を、起債幹事だったゴールドマンサックスが得ていたことで、大スキャンダルに発展し、前首相夫妻とゴールドマンサックスが訴追された。

1MDBに出資したアブダビ、ドバイなどもゴールドマンサックスを提訴し、米国司法省の判断がまもなく出る。

マハティール首相は政権発足直後から「プロジェクトを精密に調査し、それから再審議する」として予算を詳細に検討した結果、「マレーシアの財政を考えれば、新幹線プロジェクトは費用対効果が適切といえない。中止もやむなし」として、一九六億ドル分のプロジェクトを正式に中止するとした（総額二三〇億ドルといわれたから、残額についての処理は不明）。

契約違反による損害賠償は毎年一五億円に達するが、これを支払ってでも一帯一路は中止するわけで、中国側の失望は大きい。

焦る中国は、「ノーベル平和賞」に対抗して「孔子平和賞」を設立した（ちなみに受賞した連戦、ムガベ、村山富市、プーチンらは誰も授賞式に出席しなかった）ように、こんどは「一帯一路スーパー大使賞」を設立し、次の四カ国の駐在北京大使を表彰した。

パキスタン（CPEDに六二〇億ドル）
スリランカ（ハンバントタ港九九年租借）
モルディブ（海上大橋、空港拡張に一五億ドル）
ボスニア・ヘルツェゴビナ（欧州で唯一「BRI覚え書き」を締結）

旧ユーゴスラビアのボスニアが、なぜ選ばれたかは不明だけれども同国はアドリア海に面する港を抱えており、正式に「BRI（Belt Road Initiative＝一帯一路）覚え書き」を中国と取り交わしている欧州では珍しい国ゆえだろう。港は狙われやすいのだ。同国を訪れる観光客はフランス、米国についでなぜか三位が中国、近いはずのイタリア、スペインからの観光客を抜いている（ちなみに日本は三一位）。

第三に国有企業の宿痾《しゅくあ》ともいえる余剰生産と失業対策である。

中国の鉄道は、もともと軍の利権であり、守旧派が堅持する部局でもあり、鉄道建設、下請け系列と傍系、さらには付随する研究所や大学、高専など運転手予備軍を育ててきた。レール、電力設備、砂利、セメント、ジャッキそのほか、あらゆる産業の裾野《すその》が拡がる産業でもあり、プロジェクトをやめると大量の失業が出るからだ。それにしても赤字を肥大化させる一方の事業を継続しなければならないという、小学生が考えても分かるような明らかな矛盾を全体主義独裁国家では誰も咎《とが》めないのである。

インド、中国国境に頑健な橋梁を完成

二〇一七年のＩＭＦ経済報告はインドのＧＤＰを二・五九兆ドルとした。

「ＰＷＣグローバル経済ウォッチ」によれば、「二〇一九年の世界経済は緩慢に下降する。しかしインドは高い成長率（二〇一七年に六・七％）を堅持するだろう。したがってインドが旧宗主国イギリスをＧＤＰで抜き去るのは確実である」としたことは述べた。

インドは中国と国境紛争地帯は北東部アンナチャル・ブラデシュ州、一九六二年にはアッサムまで侵攻した中国軍によって一部の領土は盗まれたままとなり、両軍は暫定国境でにらみ合っている。

二年前にはドグラムで軍事衝突があり、またブータンの北部には中国軍が入り込んでいる。アンナチャル・ブラデシュ州の東部はミャンマーとの国境地帯が続く。

アンナチャル・ブラデシュ州の州都はイタナガル市。国境のジブルカールからここへの

山間部に流れる大河はバラマピュトラ河。

これまでは七五〇キロも迂回した。橋梁の建設は二〇年前から開始された、地域住民の悲願でもあり、「ボジビル橋」プロジェクトには総額二〇億ドルを投じた。

二〇一八年十二月二十五日、バラマピュトラ河に四九キロの橋梁が完成し、開通式でモディ首相が歩いて渡るパフォーマンスを見せた。

「備えあれば憂いなし」とばかり、このボジビル橋は六〇トン戦車の通行に堪え、またジェット戦闘機の着陸も可能である。

国土強靱《きょうじん》化を標榜《ひょうぼう》する日本は、やたら高速道路を建設したが、ジェット戦闘機の離着陸ができるようには設計されていない。

モンゴルでもシルクロードに絡んだ「汚職」に抗議集会が零下二〇度のウランバートルで行われ、二・五万人が国会議長の辞任を要求した。

日本人にとってモンゴルと言えば、チンギス・ハーンと大相撲。なにしろほとんどの横綱がモンゴル人だから、親しみは大きい。

この国の産業は鉱業と牧畜、強いて言えば岩塩。国土の九〇％が砂漠化した元凶は森林の乱伐によるもので、河川のあらかたが失われた。都市部は煤煙《ばいえん》による環境汚染が凄まじく、人口三二〇万人のうち、三分の一が極貧状態にある。

二〇一八年十二月二十七日、ウランバートルは零下二〇度になった。ところが市内のど真ん中にあるチンギス・ハーン宮殿前広場に続々と結集した民衆は二万五〇〇〇人に達した。

翌日から開会されるモンゴル国会に合わせて、国会議長のエンフボルド辞任を求める集会が開催されたのだ。同時に与党「モンゴル人民党」と野党「民主党」の幹部にも批判の矛先が向けられた。

モンゴルは石炭輸出で食いつないでいるが、買い手は隣国の中国しかない。このため中国から大型トラックが数珠繋ぎでモンゴルに出入りし、ウランバートル市内は中国人で溢れるようになった。目抜き通りのランドマークビルなどへの中国資本の進出も凄まじく、汚職の構造は必然的に中国との関連で起こる。

エンフボルド議長（二〇一七年三月に来日経験あり）が二三〇〇万ドルを不法に取得して国家の財産（鉱区?）等を「外国」に売却したというのが抗議集会の主催者たちの主張である。

彼らは国会議長の辞任を求めて、厳寒の気象条件をものともせず、抗議集会で気勢を挙げた。二万五〇〇〇人の参加は二〇〇八年の暴動以来である。

期待外れに終わったミャンマーの「シルクロード」

ロヒンギャ問題で、欧米から批判を浴びて、孤立を深めるミャンマーにも中国の魔手が伸びた。

敬虔《けいけん》な仏教徒の国、大の親日国。スーチーが治めるミャンマーがおかしくなりかけている。ところがこの孤立をチャンスと捉え、「異常接近」しているのが例によって中国である。いまのところ日本企業の進出は中国より目立ち、ヤンゴン近郊のティラナ工業団地はほぼでき上がった。進出企業の駐在員向けに長期滞在マンションやら屋上に温泉がある「スーパーホテル」も開業していた。

なによりも昨秋（二〇一八年）から日本人はビザ不要、だから全日空の直行便はほぼ満席である。ヤンゴン市内では中華料理店より日本料亭のほうが多いのも驚きだが、江戸前寿司もある。ビルマ人には中華料理の味付けより、淡泊な日本料理のほうが口に合うのかも。

ともかく日本のミャンマー重視には寸毫《すんごう》の変化もなく、ミャンマー政府がしゃかりきとなって推進する電力、水道、交通網などインフラ整備を待っている。

「一帯一路」を看板に掲げる習近平国家主席にとってスリランカ、マレーシア、モルディブが「反中国」にひっくり返り、世界からはシルクロード構想は「高利貸し、相手国を収奪する」と非難され、いまこそ影響力の回復に千載一遇《せんざいいちぐう》のチャンスと脇目もふらずミャンマーへ進出強化に乗り出した。

ノーベル平和賞を返還せよとまで酷評されているスーチーは、誉めてほめあげてくれた欧米メディアが突如立場を変えて、連日批判するため鬱《うつ》病かと思われるほどに孤立を深めた。そこで冷え切っていた中国との関係改善に動き西海岸ラカイン州の工業特区開発などに中国の援助を求める姿勢に転じたのだ。

中国が狙うのはインド洋のシーレーンのための拠点確保である。あくまでも地政学的な世界戦略の一環としてシルクロードの拠点化が目的である。

他方、ミャンマーが欲しいのは工業特区開発、西海岸へのアクセス強化、つまり中国のカネである。

そこで筆者は昨師走に慌ただしくヤンゴンへ飛んで、乗り換えのため一泊し、翌日、ロヒンギャの拠点・ラカイン州へ向かった。

最初に降り立ったのはチャウピュー。山口洋一元ミャンマー大使に聞くと電気、ガスのインフラが未整備、蚊に気をつけるようアドバイスを受けた。蚊取り線香持参、食事も合うかどうか不安なので、日本から即席ラーメンなど三食分ほど持ち込んだ。

チャウピューは典型の田舎町、ヤンゴンから小型飛行機で五〇分ほどで着陸した。アンダマン海につきでた宏大な中州の集積というのが空から見た印象、細い道路がわずかに一本、ヤンゴンと繋がっているものの島と島とは船が行き来する。それも前世紀の遺物のようなボロ船だ。地理的にはたいそう不便、陸の孤島という観が強い。ほとんどが農地である。

このチャウピューが中国雲南省へ至る一四〇〇キロのパイプラインの起点。ガス輸送はすでに開始されている。パイプラインは地中に埋め込まれているため、雇った運転手の指摘がなければ見過ごすところだった。この周辺の宏大な農地を開発地区と決めて、ミャンマー政府はチャウピューの工業特区を中国に造成してもらうことにしたのだが、空から見ても団地造成の風景がない。

チャウピュー空港へ着くなりパスポート検査がある。まるで「国内国」である。掘っ立て小屋のようなターミナルはおんぼろ、荷物は人がリヤカーで運ぶ。

宣伝とは異なって、中国の匂いがまるっきりしないのが最初の驚きだった。乗客のほとんどがビルマ人、中国人は二人だった。

空港からホテルまでオートバイを改造した人力車風のタクシー。空港にはちゃんとしたクルマの待機がない。運賃は一五〇円程度。

市内へ入っても中国語の看板がない。ホテルでは中国語はおろか英語もほとんど通じない。当て込んだ中国人客が来ないためか、広い食堂は連日、家内と二人きりだった。

至る所を歩き回ったが、高級住宅地もあれば、貧民街が泥沼地に建てられ、海辺には水上生活者がいる。彼らの顔つきを見るとチャウピュー市民の一般的印象と異質でインド系でもない。ベンガル特有の風貌をしているのでおそらく一部が帰還したロヒンギャだろう。

港へ行ってみたが、前世紀の漁業である。埠頭は泥沼、牛が荷物を引いていて驚くばかりだ。水上生活者の居住区に臭みがないのも不思議だった。

モスクは襲撃で焼かれ、破壊されたままだった。そうだ、ロヒンギャはイスラム教、ほとんどのビルマ人は仏教徒、この宗教対立の根は深い。

ロヒンギャ問題の元凶は英国だが……

もとよりロヒンギャ問題の元凶は英国の植民地支配の残滓《ざんし》である。

スーチーに非はなく、彼女はただ無能なだけだ。英国の旧ビルマ分割統治のため、イスラム教徒を大量にバングラデシュ（当時東パキスタン）から移住させてビルマ族やシャン族、カチン族と人為的に対立させ、宗主国の支配を磐石なものとしたのだ。

ビルマ人は仏教を信仰するが小乗仏教であり、輪廻転生を信じているため、お墓を重視しない。遺体は捨てるか河に流す。大きな墓地はキリスト教徒のものである。

これほど文化価値が異なれば、土葬して墓を重視するイスラム教徒とは激しく対立するのも当然だろう。

習近平国家主席がスーチー政権に持ちかけている巨大プロジェクトは中国ミャンマー経済回廊（CMEC）で、中軸のプロジェクトがチャウピュー港と経済特区の開発なのだ。周辺を大々的に造成し、免税の工業特別区、病院、学校、ホテルを建てるというのだが、現地に行くと大きな看板と事務所のビルだけ。造成工事は開始されてもいない。迅速に工事が進まないのはアクセスの悪さと電力供給がままならないからである。停電ばかりでは工事も中断を余儀なくされる。

立派なインド系のバラナシ・ホテルがあるが、停電が頻繁に発生するので、筆者の泊まったホテルでは、冷蔵庫が使えずビールは冷えていない。

「ラカイン州の皆さんと一緒に工業特区を開発しましょう」と呼びかける中国の看板だけがプロジェクトの存在を意味していた。

しかしミャンマーの対外債務は一〇〇億ドルを超えた。このうちの四〇％が中国である。ちなみにミャンマーの外貨準備は六三・五億ドルしかなく明らかに債務超過である。一九八八年から二〇一一年までの累積債務が膨れあがっていたが、平均の利子が四・五％だった（一月三十一日付「アジア・タイムズ」）。

二〇一八年一月、ミャンマー与党は、中国がオファーしてきたチャウピュー港近代化プロジェクトならびに付近の工業団地プロジェクト（大学から病院まで建設し、一大近代都市建設を謳った）を、「財政面から根底的に見直す」と検討を始めたことが分かった。

これはマレーシアが、建設を開始していた東西新幹線プロジェクト（二〇〇億ドル）が財政的にカバーできず、マレーシア政府の責任を越えるとして、マハティール政権は違約金を払ってもキャンセルしたことを受けて、ミャンマーも「借金の罠」に落ちることを懸念しての措置である。ティンセイン政権時代に、ミッソン・ダム建設を中止した。このプロジェクトは総工費三六億ドルだったが、発電される電力の九〇％が中国側へ送電されるという無茶な契約内容だったため、地元のカチン州などで猛烈な反対が起きた。

次にチャウピューから、北の州都シットウェーに。飛行時間はわずか二五分。

シットウェーは風景も明るく町並みが垢抜《あか》けている。欧米の観光客がちらほら、町に信号が三つあった。チャウピューには信号がなかったから新鮮な驚きだ。

しかし町の何処にも中国企業の姿がなく、中国語の看板がない。書店が夥《おびただ》しいが、スーチーのカラー写真が表紙のカレンダーのほかは子供の絵本、童話ばかり。新聞さえ売られていない。ただし「HUAWEI（華為）」と「OPPO（中国製格安スマホ）」の携帯電話販売店だけはしっかりと根を下ろしている。ミャンマーの所得では格安のスマホしか手が出ないからだ。

シットウェーも端から端まで歩いて見学した。大きなパヤジー寺院が集中する一角の公園ではお祭りの準備が急がれ、その周りを露店がぎっしりと並んでいる。野菜、果物、魚に肉屋。意外だったのは花屋が多いこと、古着屋が「洋装店」の主力である。所得は首都のヤンゴンに比べるとはるかに低く、新品の洋装品には手が出ないのだろう。

しかし町を歩いて気がついたのは美人が多いことである。看護婦学校や寄宿舎もあって、制服で町を歩く。診療所と薬局はどこもかしこも満杯で、さて食事を取ろうにも、外国人が入れるようなレストランは数軒しかない。ホテルは中級が五軒だけ、筆者は予約なしだったのでやむなく民宿へ。

理由が呑み込めた。シットウェーは古都ミヤウーへの中継地、この町の北端にある船着き場から船で行く。

古都ミヤウーは王宮や仏教寺院の群れ、八万もの仏像をおさめたシッタウン寺院もある。だから外国人観光客もちらほら目立つが、やはり中国人を見かけない。

ともかく宣伝臭の強い中国の「一帯一路」。ミャンマーではまだ掛け声だけで、本格工事は始まっていない。そのままぼろしの計画に終わるのではないかと思えるほどだった。日本企業がタイ企業と組んで力を入れているのはラカイン州ではなく、南部のダウェイである。ダウェイはアンダマン海に面し深海港が計画されている。

バンコクへ直線距離で東へ二〇〇キロ、工業近代化の要路でもあり、ハイウェーと港の開発が本格化すると輸出港としても使える。げんにタイが相当の投資を行っている。

ヤンゴンへ戻ってスーチーの自宅を撮影し、次にスーチーの父でもあり「独立の父」＝アウンサン将軍の旧邸宅を改造した博物館を見学した。猛暑で、しかも歩いて丘に登ったので汗びっしょりになった。

ヤンゴンはミャンマーのなかの別世界、大都会でラッシュアワーに遭遇すると空港から市内まで二時間もかかる。日本人専用のビジネスホテルが増えた事実も驚きなら一泊四〇ドルという豪華ホテルも数軒、筆者が飛びこんだビジネスホテルでも一泊四五ドルだった。物価が田舎町の三倍は高いと思った。中国の影が薄かったのが最大の意外性である。

実現困難なミャンマーの新幹線

ところでミャンマー新幹線の現状はどうなっているのか。

中国主導のＢＲＩ（一帯一路）プロジェクトの一環としてミャンマー西部のチャウピューから雲南省昆明《こんめい》へ、一四〇〇キロの幹線を拓き、そこに高速鉄道を敷設するという壮大な計画は、ネピドー（首都）の国会で「見直し」が議論され、宙に浮いたかたちとなっていた。

ミャンマー議会の論点は、「中国のいう二〇億ドルは初動の段階の予算にすぎず、鉄道となると全体でいくらかかるのか。それを返済する条件、償還期間、金利などが不透明であり、スリランカが結局『借金の罠』に陥落して、ハンバントタ港の九九年の租借を認めたように、中国の世界戦略に利用されるのがオチではないのか」というものだ。

「ＣＭＥＣ」の高速鉄道は四期にわけて実施される予定である。

第一期は中国国内の昆明から大理《だいり》までの三二八キロ。

第二期は雲南省大理から国境のルイリまでの三三六キロ。

この区間はすでに二〇一一年から、中国の新幹線プロジェクトとして工事が始まっている。

工事は二〇一七年完成予定だったが、遅延が続き、二〇二二年完成とされる。というのも、峻嶮《しゅんけん》な山岳地帯であり、おおよそ中国共産党の統治が及ばない辺疆《へんきょう》でもあり、大東亜戦争中は援蒋ルート（英国・米国・ソ連などが中国の国民政府軍を援助するために物資を輸送したルート）を絶つために大量の日本軍が派遣され、とりわけの激戦地だった場所なのである。

第三期工事はミャンマー側である。第二の都市マンダレーからルイリへ至る四三三キロは、工事どころか地域の測量作業が行われている段階だ。同地域もまた少数民族の支配する山岳、カチン族、カレン族、シャン族の武装集団が盤踞《ばんきょ》している。ミャンマー軍は掃討作戦を継続しているが、少数の武装勢力に武器をひそかに供与しているのが中国。一帯は麻薬地帯でもあり、この無法地帯において高速鉄道を敷設する工事など、実現性そのものが危ぶまれている。

第四区間がマンダレーからチャウピューへの四〇〇キロ。ミャンマーの地形を地図で確認してみると、判然とするのは南北に縦貫する山岳地帯をくぐることになり、トンネルを掘るばかりか、絶壁に橋をかけるなどの難工事になるだろう。

キルギスでも反中暴動

二〇一九年一月十八日、中央アジアの小国キルギスの首都ビシュケクで数百人が抗議集会とデモ、口々に「チャイナマネーの経済侵略を許すな」、「キルギスは植民地ではない」と叫んだ。

暴徒化して警官隊と衝突したため多数の負傷者が出た。デモ指導者数名が拘束された。この反中デモは、その後の数回にわたって繰り返され、ビシュケクの治安は悪化した。

キルギスは独立後、旧ソ連の軛《くびき》が解けたものの経済的苦境に変わりはなく、ロシア人が去ったあとに、チャイナマネーが入り込んで、町でも中国人労働者が目立つようになった。

失業が最大の問題であり、若者たちは主としてロシアへ出稼ぎに行く。景勝地イシククル湖はソ連時代の保養地でもあったが、近年湖畔のリゾートホテルは中国人ツアーで溢れ出し、爆買いに爆食、その傍若無人《ぼうじゃくぶじん》の振る舞いに立腹するキルギス人が多くなった。

日本は技術協力、政府開発援助（ＯＤＡ）などで国際開発機構（ＪＩＣＡ）を中心に一〇〇名近くが滞在しているが、中国人と間違えられないように「日の丸」ワッペンをつけて歩くという。市内には日本料理店も存在している。

キルギスはイスラム教を奉じる敬虔な牧畜の民、ウズベキスタン、トルクメニスタン、カザフスタンと並んでトルコ系民族であり、首都ビシュケクは砂漠のオアシスとして開けた美しい町である。ムスリムは当然だが宗教弾圧を加える中国共産党に反感を抱いている。隣のカザフスタンからウズベキスタンにかけては、シリア内戦に加わっていたウイグル系のIS体験者らが潜入しているため、中国は「上海協力機構」の参加を呼びかけテロ対策を強化してきた。

二〇一〇年にはバキエフ大統領退陣を求める大規模な集会とデモが続き、一時期は無政府状態となった。デモ隊は暴徒化し、中国人経営の商店などを放火した。このとき、中国は四機のチャーター機を飛ばして在留中国人五〇〇名を退避させた。

二〇一六年八月にはビシュケクの中国大使館にイスラム過激派が車ごと突っ込んで自爆テロ、炎が高く上がった。日頃から中国人が恨まれていた事実を物語る。

アフガニスタン戦争中、ビシュケクのマナス飛行場には兵站《へいたん》基地として米軍が借用し、海兵隊など二〇〇〇名が駐屯した。筆者は、その取材のため、ビシュケクを訪れたことがある。

「おとなしい羊のようだ」と地元の人はキルギス人を自虐したが、ときに怒りを爆発させることがあるのだ。

華人、華僑の国々で何が起きているか

中国のポータルサイト「今日頭条」は華人系（現地国籍取得）が多い国家の国際ランキングを発表している。

それによれば第一位がインドネシア（七六七万人）、二位はタイ（七〇六万人）、第三位がマレーシア（六三九万人）。

インドネシアの華人は人口約二億六二〇〇万人のうち三％強にのぼる。インドネシア国内にはチャイナタウンがあちこちにあるが福建系と広東系に分かれ、しかも広東も出身別で故郷同士会のような郷土会館を軸にしている。

三年前にもジャカルタとバンドンのチャイナタウンを取材したことがある。華字紙がすでに四種類も出ていたが、いずれもカラー印刷で、市場の売店で売られていた。論調は新華社の転載記事が多かったが、おもに地域ニュースである。

スカルノが失脚する契機となった反共産暴動、政変により、華僑を中心に五〇万人前後が虐殺された。いまだにこの詳細は調査されていない。爾後《じご》、かなりの長期にわたって華

字紙の発行は禁止され、華僑は逼塞《ひっそく》して暮らした。若者の多くはこの時期に一斉に香港やマレーシア、ベトナムなどの華僑コネクションを頼って逃れた。

筆者の個人的経験でいっても、一〇年ほど貿易会社を経営していたのでアジアはよく出張したが、一九七四年に香港に宝石関係の商談で行ったおり、店の使い走りをしていたのはインドネシア人華僑だった。店のオーナーは日本語が流暢《りゅうちょう》な広東の華僑で「親戚《しんせき》筋に頼まれ、留学という名目で雑務をしてもらっている。彼自身は頭脳明晰《めいせき》、本来なら国を率いるくらいの才能があるのに……」と嘆いていた。

東京にやって来た取引先のインドネシア華僑は「自宅にベンツを持っているが車庫に寝かしたまま。うっかりベンツで街へ出ると、たちまち襲われる怖れがあるのですよ」と治安の悪さというより、華僑が標的になっている現実に怯《おび》えていた。

中国人の「アキレス腱」

中国のアキレス腱《けん》は集約すると二つのポイントが指摘できる。

第一は自給自足ができないという生存にとって死活的な要因を欠く脆弱《ぜいじゃく》性、つまりエネルギーと食料の自給ができない。米国からの穀物輸入が途絶えると、食肉も養豚の配合飼料もままならない。逆にアメリカは原油もガスも食料も自給できるという圧倒的な強みがある。そのうえ水の問題がある。

第二は中国人そのものが持つ特質、エゴイズムと拝金主義が、生来の性格、DNAに折り重なって独特な人生観を持つという特徴である。

中国人は宗族第一という特徴がある。この宗族という文化的歴史的な特徴が分からないと中国の伝統文化の源流が理解できない。

中国人の発想に「戦争も腐敗も善となる」という怖ろしい論理的な飛躍があるのは、宗族という観念に秘密がある。日本人にはとても理解しがたい、怖ろしい論理は中国のみならず世界に散らばった華僑の世界にいまも生き、彼らを律《りっ》している。

華僑がマレーシアから引き離して独立させた人口国家はシンガポールだ。いまではトランプvs.金正恩《キムジョンウン》の首脳会談やらシャングリラ対話の開催地として、なんだか「国際都市」の好印象、グローバル・シティのイメージがあるが、どっこい、この華僑の都市になぜかチャイナタウンがある。「チャイナタウン in チャイナタウン」である。時間をかけてシンガポールの下町をゆっくりと歩くと奇妙なことに気がつく。通りの名前だ。金門通り、寧波通り。つまり出身地別に居住区が異なる。

広東省の省都・広州市のど真ん中に観光名所「陳氏書院」がある。立派なお屋敷跡である。実はこの陳氏書院とは陳氏宗廟《そうびょう》なのである。ミャンマーの首都ヤンゴンの下町に宏大に拡がるチャイナタウンも華僑の街だ。横町を丁寧に歩いてみると、ある、ある。李氏宗家とか、黄氏宗廟とか、一族の名前が建物の入り口に冠されている。古都マンダレーへ行くと雲南会館とか、四川友好会館とかの立派な建物があちこちに目に飛びこんでくる。そして中国のいたるところ、宗廟があって、世界中に散った一族が集まる習慣がいまも確然として残っている。これが宗族、日本人に分かりやすく言えば、「一族イズム」である。

「中国人にとって、一族の利益、一族の繁栄がすべてであり、至高の価値である。それを守るためにはどんな悪事でも平気で働くし、それを邪魔する者なら誰でも平気で殺してしまう。一族にとっては天下国家も公的権力もすべてが利用すべき道具であり、社会と人民は所詮《しょせん》、一族の繁栄のために収奪の対象でしかない」（石平『中国人の善と悪はなぜ逆さまか――宗族と一族イズム』（産経新聞出版）

だから「究極のエゴイズム」を追い求め、一族の誰かが権力を握れば、それに群がり、もし失脚すれば、一族全員がその道連れとなって破滅する。

習近平国家主席と王岐山一族が、いま何をやっているか、なぜそうなのか。まさに宗族の論理によって突き動かされ、一族だけの利権を追求し、一族だけが繁栄を究める。

結論的に石平はこう言う。「中国共産党が『宗族』を殲滅《せんめつ》したのではなく、むしろ、宗族の行動原理は生き残った上で、当の中国共産党政権自身を支配する（中略）。中国における宗族制度の原理の生命力はそれほど堅忍不抜なものであり、宗族は永遠不滅」であるから事態は「習近平・水滸伝《すいこでん》」である。こういう意識が根底に残存している以上、戦争はコストとか、国家の名誉とは表看板、レトリックでしかなく、一族の利益を守るためには「すり替え」として戦争を始める危険性は常にあるのだ。

なぜ中国人の軍隊は弱いのか

中国が「強い、強い」と誇る軍隊にもアキレス腱がある。

そもそも中国軍兵士は動くことが嫌い、戦争になれば隙あらば逃げようと考えている兵士が一般的であり、司令官はと言えば、「進めっ！」と命令し自分は真っ先に逃げる。蒋介石は兵士を見捨てたばかりか、花園堤防を切って六〇万人が溺死《できし》しても、逃げるためには非情な方法を躊躇《ちゅうちょ》なく選択し、さらにはその責任を日本軍のせいだと宣伝した。日本軍が近付くや上海をすぐに放棄して南京へ逃げ、そこも防衛できず重慶《じゅうけい》まで逃げた。毛沢東はさらにその先の延安《えんあん》の洞窟で三年間も逼塞《ひっそく》した。

兵隊は弱いくせに要求は貪欲《どんよく》ときている。

二〇一六年に北京のど真ん中、長安路にある中央軍事委員会のビル前に集まりだした数百、数千の退役軍人が座り込みを開始し、待遇改善を訴えた。このような「群体性事件」(抗議集会や暴動)といわれる抗議集会など、中国では禁止されているが、警察は相手が軍人だけにただちに鎮圧に動かず、バスが止まり、交通渋滞が重なり、メディアが注目した。

この事件は習近平政権に深刻な衝撃を与えた。よもやまさか「党に従属する」軍隊が執行部に牙《きば》をむくとは!

その後も、各地で退役軍人による抗議行動が頻発し、とくに二〇一八年には江蘇《こうそ》省、浙《せっ》江《こう》省の各地、とりわけ鎮江《ちんこう》市における退役軍人の抗議行動は数千の規模となった(死者が出たという情報も出たが、未確認だ)。当局は退役軍人等の不満に対応するとして、とくに中越戦争で傷痍《しょうい》軍人となったOBなどへは特別の交付金、さらには退役軍人の多くに「再就職」の斡旋《あっせん》を強化するなどしてきた(中国語では、退役軍人を「栄民」と呼ぶことが多い)。

一八年十月四日から七日にかけて山東《さんとう》省平度《へいど》市の人民大会堂前に、各地から集まった退役軍人数百名が座り込みを開始し、出動した人民武装警察(武警)とにらみ合った。これら退役軍人らは山東省青島《チンタオ》ばかりか、遠く安徽《あんき》省、江蘇省、河北《かほく》省、河南《かなん》省、遼寧《りょうねい》省から、お互いに連絡を取り合いながら、三々五々集まったことが判明した。抗議集会は暴徒化して、警戒中のパトカー、警備車両などをひっくり返し、乱闘に発展、警備側に三四名の重軽傷が出たという（二〇一八年十二月十一日付「多維新聞網」）。当局は「暴徒は『退役軍人』を装った犯罪者、一〇名の首謀者を拘束した」と発表した。

翌一九年一月二十七日になって、退役軍人による抗議活動を組織した首謀者一九人を逮捕した。彼らは山東省平度で「社会秩序を乱すために群衆を集め、暴力をはたらいた」とかの容疑だった。

こうした脆弱性を内包する中国が無謀にもアメリカに戦いを挑んだのだが、いったいどういう結末をつけるのだろうか。

第四章　韓国経済は中国より先に破綻する

主力の半導体輸出の急落、自動車、造船も駄目

韓国経済、ほぼ沈没である。

景気悪化が確実視されるや、文在寅《ムンジェイン》大統領は財閥との対決姿勢を唐突に和らげ、雇用増大に繋《つな》げようと必死の懐柔作戦に切り替えた。

なんと財閥解体を叫んでいた文政権が、政治環境が変わるや、一八〇度向きを変えて、財閥トップを青瓦台（大統領官邸）に呼び出し、景気減速懸念、協調路線に転換するという「離れ業」を演じた。

二〇一九年一月十五日に財界人トップ一〇〇人を一堂に集め、オーナーの権限縮小、世襲制廃止などの財閥改革議論は一切持ち出さずに、ひたすら「雇用、雇用、雇用」を要請

した。経済失速への周章狼狽《しゅうしょうろうばい》ぶりが窺《うかが》える。

韓国の宿痾《しゅくあ》とされる失業がさらに拡大すれば文在寅政権の支持率は急減、支持基盤の極左革新系は失望を表明するが、背に腹は替えられないというところだ。

まして大統領最側近だった金慶洙慶尚南道知事《キムギョンス》が世論操作による業務妨害の罪で有罪判決を受けた。大統領の長女一家がマレーシアに移住（事実上の亡命）していた事実も露見し、メディアが報じたため、さらに人気急落となった。

韓国銀行は二〇一九年のＧＤＰ成長率を二・六％と予測したが、「甘い、甘い」という声が巷《ちまた》に満ちている。

なにしろ韓国の輸出の四分の一を占めた半導体が「失速」したのだ。サムスン電子が売り上げの三九％激減、ＳＫハイニックスが三二％減！　半導体に代替しうる成長株は見あたらない。また輸出先シェアで三〇％だった中国経済に暗雲がたれ込み、回復の可能性はほとんどなくなっている。ちなみに日本の対中輸出は一七％減少した。

典型的ケーススタディとして韓国の自動車産業を見よう。

販売台数は三年連続減少（日本は順調に増加）、とくに現代《ヒュンダイ》自動車の不振が目立つようになった。

韓国の自動車産業は生産台数の八割が現代自動車であり、大宇《デウ》は傘下に入っているため輸出の割合が異様に高いという特徴もある。

韓国経済は財閥系のピラミッド構造だから、部品系列メーカー、その下に下請け、さらに孫請けがいる。韓国の自動車産業は現代、ＫＩＡ、双龍《サンヨン》の三社寡占体制にあるのだが、国内需要より、輸出に廻される比率が高い。そして二〇一八年度、現代自動車は営業利益四七％の減少となって、現代自動車に部品を納入している下請けメーカーは悲鳴を挙げる。トヨタのカンバン方式よろしく、必要なときに必要な部品と必要な部署へ。つまり下請け、孫請けとの連携作業が重要なうえ、親方は下請け孫請けの面倒をみるべきだろうが、日本のような経営風土はない。

第一次部品メーカーは八五〇社、第二次部品メーカーは三〇〇〇社。そして第三次が五〇〇〇社となって、上のメーカーからの受注が減れば、突然経営を圧迫し、資金繰りが苦しくなる。実際に大手部品メーカー数社が経営破綻し、会社更生法を申請した。このため部品の供給が間に合わないケースが頻発した。日頃の下請けイジメが激しいため反発も拡がる。

現代自動車がバカ売れしていた時代には米国、日本、ドイツについで韓国車が世界シェア四位だった。いまは昔日の面影もなく、中国に抜かれ、インドに抜かれ、一八年にはメキシコに抜かれて七位に転落した。先行きは真っ暗と言える。

韓国の造船はどうかというと世界一の座に変わりがないが、これは政府支援策によるところが大きい。

なんとしても世界一の造船王国という座を死守したいからである。いつのまにか日本のお家芸だった液化天然ガス（ＬＮＧ）タンカーも韓国が世界の八割を安値攻勢でもぎ取り日本勢を追い込んだ。そのうえ業界一位の現代重工業と二位の大宇造船が合体する。現代が大宇を買収するという。サムスン重工業、現代三湖《ヒュンダイサムホ》重工業、城東《ソンドン》造船、そしてフィリピンと合弁の韓進《ハンジン》重工業と世界の造船メーカー一〇傑のうちの六社を占めるほど。

ちなみに日本は世界第四位に今治《いまばり》造船、第七位のジャパン・マリン・ユナイテッドが顔を出す。後者は二〇一三年にＩＨＩとＪＦＥの造船部門が統合した企業である。

今治は三菱重工と業務提携をしており、ほかに川崎重工と三井造船が奮闘しているものの、常に韓国の安値攻勢に脅かされ、大型ＬＮＧタンカーの注文が途切れた。

韓国勢は赤字でも構わずに注文を取る癖があり、膨大な赤字をいずれ政府に補填《ほてん》させる。つまり国家意思としての営為、日本を凌駕《りょうが》して目的を達成したと思いきや中国の造船業界が躍進したため、またまた廉価輸出を繰り返す。まるで営業利益を計算に入れていないかのような無茶苦茶な営業活動を続ける。こうした営業を維持すればするほどに、実際の赤字は累積されていくのだが、誰も責任を取らないのである。この性癖は中国の国有企業と似ている。

かつてアメリカは日米経済摩擦の時期に次世代半導体技術を日本の頭越しに韓国へ供与した。

このためサムスン、ＳＫ、ＬＧなどが予期せぬほどに飛躍し、ついで台湾ＵＭＣ、ＴＳＭＣなどが加わった。ところが近年の韓国、台湾の猛追にインテルは戦略を切り替えイスラエルとの協同という新しい流れが出てきた。

日本は半導体でトップの座から転げ落ち、いまも落魄《らくはく》の位置にある。

二〇一八年春先にインテルはＺＴＥ（中興通訊）への半導体供給をストップさせた。この措置でＺＴＥはスマホを製造できなくなって悲鳴を挙げ、経営危機に陥った。ＺＴＥは韓国サムスンの半導体をあまり使っていなかったのだ。

ＺＴＥはファーウェイと並んで、スマホで世界的なシェアを誇り、日本でも廉価ゆえにＺＴＥ製のスマホを使っている人が多い。それもメディア関係者、そして同社のＷＩＦＩはもっと多くが使用している。

米国は対中技術輸出に厳格な規制を導入したことは何回も述べた。この運用次第では対中輸出が困難になる。

レーダー照射事件の本質は「瀬取り」の隠蔽

我が自衛隊機へのレーダー照射事件は、日韓関係をさらに悪化させているが、どうやら「瀬取り」の現場を見られたからのようだ。

韓国政府が二〇一八年一月から十一月まで石油精製品三八八トンを国連に届けをしないまま、北朝鮮側に持ち込んでいたことが分かった。

裏切りは日常茶飯、さしたる驚きでもないが、ひそかに北朝鮮を支援する韓国の遣り方は世界に不信感を与えた。

朝日新聞は「(日本の)外務省は(一月)二十四日、北朝鮮船籍のタンカーが、洋上で違法に物資を積み替える「瀬取り」を行った疑いがある事案を確認したと発表した。国連安全保障理事会の北朝鮮制裁委員会に通報し、米国などと情報を共有しているという。二〇一八年一月以降、同省が公表した同様の事案は一〇件目。瀬取りとみられる行為は十八日午後、海上自衛隊の補給艦「おうみ」が中国・上海沖約四一〇キロで確認した。北朝鮮船籍のタンカー「AN SAN1号」に、船籍不明の小型船舶が横付けし、ホースを接続していたという。石油などの燃料を違法に受け取っていた可能性もある。このタンカーは昨年六月二十九日にも、瀬取りとみられる行為をしていることが確認されている。外務省によると、同じ船が繰り返し瀬取りをしている疑いが明らかになったのは初めて。同省幹部は「瀬取りが常態化している」と警戒している」（二月二十五日付「朝日新聞」）。

「瀬取り」の横行は以前から指摘されていたし、韓国海軍の自衛隊機に対するレーダー照射は瀬取りの現場を押さえられたくないために行われたという分析が日本の軍事関係者の間では主流である。

ところが、この韓国の背信行為を横目にしながらも岩屋防衛大臣は訪米してマティス前国防長官の空席を代行するシャナハン国防長官代行と会見し、「日米韓の協力は不可欠」と表明せざるを得なかった。シャナハンも公式見解を繰り返し、「日本が防衛を強化し、役割拡大をはかる決意をしたことを歓迎する」とし、突っ込んだ話し合いはなかった模様だ。

韓国財閥グループに海外ファンドが圧力

韓国経済を支配する財閥グループに対しての海外ファンドの要求が強まった。

韓国財閥の大株主が米国ファンドというパターンがあった。それがいつの間にか株式を売り抜け、韓国から足抜けをしていたファンドが目立つようになった。

これは国際資本の韓国経済梃子《てこ》入れなのか、逃げの態勢入りなのか。

半導体、造船、鉄鋼、自動車が全盛期。しこたま儲《もう》けた利益は「株主配当」に廻され、結局、韓国人従業員より、海外の株主が肥った。その後、欧米系ファンドはあらかたが引き上げたという情報もある。昨今、大株主に納まった米国系ファンドの韓国財閥経営陣に対する要求がエスカレートし、企業体質の改善を強く要求するような姿勢が顕著となった。

大韓《テハン》航空（KAL）は「ナッツ姫」で国民の批判を浴びたが、連結決算は五五億円の赤字（二〇一八年第1～第3四半期）、累積債務が六〇〇％（二〇一八年末）、日本航空の倒産直前の数字に近付いた。ファンドは「関連の薄いポスコ株売却、採算に乗らないホテル事業からの撤退」などを要求している。

米投資ファンド「エリオット」はサムスンに対してグループ二社の合併計画に反対し、もっと株主への配当還元を高めよ、とその強欲ぶりは禿鷹《はげたか》ファンド並み。同ファンドは現代自動車に対しても集団再編という合併に反対している。

これらは資本の論理の実践で、韓国政府の基本方針と矛盾していても、お互いに気にしないということだろう。

「韓国ファースト」でさえない文在寅

文在寅大統領の頭のなかは、いったいどうなっているのか、誰もが首を傾げるだろう。およそ論理的思考という思考回路が故障したか、あるいは思考基盤が最初からないのだ。非論理、矛盾、非合理性をまったく気にしないで政策を決め、外国と交渉するから進路が支離滅裂となる。

北朝鮮に異様な態度で擦り寄り、韓国を全体主義に売り渡そうとしている発狂的政権は、過去の二人の大統領を刑務所にぶち込み、朴槿恵《パククネ》政権で最高裁判所長官だった人物を逮捕した。こんなことをやっていれば、異母兄、叔父を殺し、政敵を処刑・殲滅《せんめつ》し、独裁を強めるピョンヤンの独裁者と、その本質は同じではないのか。金正恩と文在寅のやっていることはナチス顔負け、いやもっと醜悪で残酷であるとする批判があちこちで聞かれるようになった。

しかも韓国は日本に対して侮辱を繰り返し、「慰安婦」「徴用工」「旭日旗」で、理不尽な、国際法を無視した要求を突きつけ、このままでは日韓断交にいたる怖れさえある。実は韓国の保守系知識人はそのことを深刻に懸念している。市井の人々は具体的な経済の崩壊の実態を深刻には認識していないが、それでも文在寅への支持率は急減し、不支持のほうが上回った。

韓国銀行は一九年のGDP成長率を二・六%とした。リアルな街の表情も見ていないのかと呆れた。

公園に行くと赤ちゃんがいないと韓国の保守派が憂いを口にする。替わりに公園にいるのは中年の失業者、それも奥さんに失業したことを言えず定時にネクタイをして自宅を出るが、やることがないので公園で一日ボーッとしているのだ。韓国女性の出生率は一・〇五。日本より悪性であり、メディアの社説を読むと「不確実性が大きい」などと他人事のような抽象論を書き連ね、自らの失敗を認めない。

外国人投資家は韓国の明日に見切りをつけたかのように韓国企業株を売り抜ける。一八年十月にKOSPI（韓国株式）指数は一四%の下落を記録したが、これは〇八年のブラックマンデイのときにあった二三・一%下落以来だ。為替市場でも外国人投資家はウォンの売り一色である。

この実態を日本人は知らなすぎるばかりか、韓流ドラマに熱狂し、韓国の俳優や歌手を追っかけるという、国際常識から言っても異常な反応を見せている。

韓国駆逐艦による自衛隊機へのレーダー照射事件で、泥棒が泥棒を追いかけるふりをして逃げるように、日本が悪いと言いがかりをつけたことで過去の韓国の嘘《うそ》がすべて分かった。慰安婦も徴用工もすべてが言いがかりであったことを。

筆者の畏友《いゆう》で韓国ウォッチャーの室谷克実氏とは四冊の共著もあるが、こう言う。「泥棒をしても何か悪いかという感覚。なおも詰めよると、お前が先に泥棒をしたではないかと飛躍的論理で相手の攻撃を始める特性がある」という。なるほど韓国外交の遣り方も、この支離滅裂なパターンを踏襲していることになる。

「問題は日韓関係ではなく韓国自身にある」とする松川るい参議院議員（自由民主党）の見解に注目した。筆者の言い分に似ているからだ。松川議員は外務省出身で、韓国の日本大使館勤務を経験している。

松川るい議員は自らのホームページで、まず「韓国の反日が留まるところを知らない状況になっているが、日本人は寛容というかお人好しな民族だが、韓国についての怒りを通りこした冷めきった見方はすでに定着してしまった」とする。

「慰安婦財団解散、旭日旗、竹島上陸、また別格に深刻な『徴用工』（旧朝鮮半島出身労働者）判決と、すでにボトムかと思っていたところに、レーダー照射事件。さらには、ついに旧朝鮮半島出身労働者判決の差し押さえ決定。日本政府は請求権協定に基づく協議を要請したのに対し、韓国は、『日本が強硬な態度を取るせいで日韓関係が危機になっている』

と責任転嫁しているが、盗人猛々しいとはこのことだろう。この調子ではまだまだ底なし沼に日韓関係は悪化しうる」と見る。

そして、こう言うのだ。

「ムンジェイン政権自体かなり限界に近付いているように思う。任期を全うできるのだろうか。ムンジェイン政権の間は何をやっても無駄であり、早く退場してもらうに越したことはないが、日韓関係を何とかするのは次の政権（左派が継続するにしても）でしか無理であろう。日韓関係もボトムだが、むしろ問題なのは韓国自身である。韓国自体が危機に陥っている」

「ムンジェイン政権は、南北ファーストの政権だ。韓国ファーストですらない。というか、政権的には、強いていえば、南北連結ができることが韓国一〇〇年後の繁栄の道というこで韓国の国益と思ってやっているものと思う。つまり、短期的には韓国の国益が害されても良いと思っているとしか思えない」

「ムンジェイン政権のもう一つの野望は歴史の書き換えである。何が何でも韓国を『戦勝国』にしたいのだ。日本帝国の一部として米国や中国と戦ったのが事実である。残念ながら、内ゲバ続きで弱小の上海臨時政府など全く国際的に相手にされなかったのが事実である（だからサンフランシスコ平和条約当事国にはなれなかった）が、それは受け入れたくないのだ」

「ムンジェイン大統領の間は、日韓関係は悪くなることはあれど良くなることは期待できない。旧朝鮮半島出身労働者問題は、上手くハンドルしないと（といっても日本だけ努力しても限界があるが）第二の慰安婦問題となってしまう可能性がある。私は、韓国については、ムンジェイン政権の間は、冷めた透徹した外交（解決を急がない）を期待したい」

として、松川議員は日本の冷静な姿勢の継続を呼びかけた。

おそらくこの見解が日本の国会議員と有識者の大多数の声を代弁している。

米軍の韓国撤退が近いのか？

「あらゆる選択肢がテーブルにある」とトランプ政権の高官たちが口を揃えたが、その選択肢のなかに「在韓米軍の撤退」というオプションも含まれる。

トランプ大統領はすでにペンタゴンに対して在韓米軍の縮小準備を指示しており、げんに在韓米軍の規模は一九九〇年代からおよそ三分の一に削減されてきた。板門店《パンムンジョム》付近からは撤退して北朝鮮の火砲の射程に入らない南方へ米軍は兵力を下げている。

そもそも在韓米軍の撤退を言い出したのはカーター政権からで一九九〇年代に米軍は韓

国に配備していた戦術核を撤去している。〇四年にはラムズフェルド国防長官が約一万名のアメリカ兵を韓国からイラクへ移動させてイラク戦争に投入した。

近年では北朝鮮のミサイル射程内から、太平洋艦隊所属の潜水艦ならびに長距離爆撃機の配備をグアムへと後退させた。事実上、撤退は一部で始まっているのだ。

トランプ大統領は選挙キャンペーン中に、在韓米軍を撤退させ、日本と韓国が独自に核武装するかもしれないが、それはそれで構わないと発言して物議を醸したことは記憶に新しい。

しかも金正恩は在韓米軍の「撤退」を前提条件とは言わなくなった。

ともかく両国が朝鮮戦争を終結したと宣言したわけだから、二万八五〇〇名の在韓米軍兵士が不要となる。

トランプ大統領は在韓米軍が朝鮮半島の現状維持を固定化し、平和を維持した事実を渋々ながら認識してはいるものの、北朝鮮の核武装を阻止できなかったし、周辺諸国を恐喝してきた事実に、在韓米軍が無力だった。

まとめてみると次のようである。

第一に在韓米軍は抑止力たりえたが北朝鮮の核武装を止めるほどの効果はなかった。

第二に二〇一九年までの協定で在韓米軍経費の半分は韓国の負担となっているが、以後は全部の経費を韓国が負担せよとトランプ大統領は要求している。

第三にいきなりの縮小となるとペンタゴン上層部は混乱に陥り、米韓同盟を弱体化させてしまう怖れが拡大するばかりか、周辺国とくに日本には強い懸念を生じさせる。

第四に在韓米軍の大規模な縮小をペンタゴンは考慮に入れていない。

第五に、しかしながらトランプ大統領は過去の過度な韓国への関与の効果を疑問視しており、予測できない行動に出る大統領ゆえに、北朝鮮との話し合いいかんでは在韓米軍の縮小は考えられないシナリオではない。げんに同年二月二十七日から二日間、ベトナムのハノイにて二回目の米朝首脳会談が開催され、決裂した。

近未来を展望すると、もし南北朝鮮間に平和条約が締結されたとすれば在韓米軍が半永久的に朝鮮半島に駐屯する必要性は稀薄となる。

スマホ販売の落ち込みは韓国経済の首を絞める

韓国経済の先行きに暗雲が拡がり、例えばスマホ戦線で、ハイテクの王者とされたサムスンは一八年第４四半期の営業利益を二九％も激減させた。

とくにＩＣとスマホで有卦《うけ》に入っていたサムスンは、半導体生産ラインを一部閉鎖、電

郵便はがき

料金受取人払郵便

牛込局承認

5559

差出有効期間
2019年12月7
日まで
切手はいりません

162-8790

東京都新宿区矢来町114番地
神楽坂高橋ビル5F

株式会社ビジネス社

愛読者係 行

ご住所 〒 TEL:　（　）　FAX:　（　）			
フリガナ お名前		年齢	性別 男・女
ご職業	メールアドレスまたはFAX メールまたはFAXによる新刊案内をご希望の方は、ご記入下さい。		
お買い上げ日・書店名 年　月　日　市区町村　書店			

ご購読ありがとうございました。今後の出版企画の参考に
致したいと存じますので、ぜひご意見をお聞かせください。

書籍名

お買い求めの動機

1　書店で見て　2　新聞広告（紙名　　　　　　　）

3　書評・新刊紹介（掲載紙名　　　　　　　）

4　知人・同僚のすすめ　5　上司、先生のすすめ　6　その他

本書の装幀（カバー），デザインなどに関するご感想

1　洒落ていた　2　めだっていた　3　タイトルがよい

4　まあまあ　5　よくない　6　その他(　　　　　　　)

本書の定価についてご意見をお聞かせください

1　高い　2　安い　3　手ごろ　4　その他(　　　　　　　)

本書についてご意見をお聞かせください

どんな出版をご希望ですか（著者、テーマなど）

池の開発研究体制の縮小、天津工場の撤収、新規投資中断など後ろ向きの措置をとり始めた。

直接の原因は、中国のアリババ、テンセントなどが投資を控え、半導体需要が急減したことで、これは日本勢も台湾のTSCMも同様な原因で利益の下方修正、鴻海精密は中国本土で十万人をレイオフした。サムスンは二〇一六年にもスマホの発火事故で売れ行きがぴたり止まった「実績」がある。

日本のスマホはアップルに継いで京セラ製などが多いが、一部にLG、サムスンが混ざっている。

もともと韓国に半導体技術を導入したのは前節でも触れたように米国の日本バッシングの時代にさかのぼる。日本の産業躍進、貿易黒字に業を煮やした米国は、スーパー301条、プラザ合意、そしてジャパンプレミアム、知財裁判の乱発などで露骨に技術開発を妨害し始め、当時、次世代と言われたICチップ、DRAMなどを日本の頭越しに韓国へ渡した。

悪名高い「ヤングレポート」などの内容を再読すれば、米国の意図が日本を物理的に牽制《けんせい》するためにも韓国経済への梃子入れをしていたことが分かる。

韓国内には反米感情が蔓延《まんえん》し、大使館は常に装甲車が二〇台近く動員され、それでも前大使はナイフ男に刺された。

ハリー・ハリス大使は「米韓条約を当然視するな」と警告的な発言を連発し、トランプ大統領は在韓米軍の撤退を視野に入れ、こういう状況の下で、米国が韓国に5G（第五世代移動通信システム）、AI技術を渡すとは考えにくいだろう。

韓国経済が半導体好況で浮かれた時代とは、あたかも谷間に咲いた黒い薔薇《ばら》だった。

中韓が崩壊寸前なのに「移民法」を可決する日本

元警視庁通訳捜査官だった坂東忠信『移民戦争』（青林堂）によれば、明日にも発生しそうな中国と韓国からの大量難民に如何に対応するかを議論している。だが、我が国政府は「移民を増やす」と頓珍漢極まりない危険な方向で入管法を改正した。

欧州でいま起きていることを対岸の火事として高みの見物、明日は我が身という警戒心は稀薄であり、移民法（入管法改正）があっという間に国会で成立したことに保守の政治家はほとんど抵抗を示さなかった。

安倍政権をどちらかといえば支持してきた多くの保守層が、見限った瞬間でもある。ついでアイヌを先住民族として認めた（アイヌ新法）。これも愚かな選択として後世に禍根を残すことになる。アイヌの北海道移住は十二、三世紀からで、それ以前に縄文文明が拓けていて日本人の先祖が居住していたことは最近の研究で明らかになっている。

今後起こることはナショナリト政党の大躍進ではないか。ドイツでフランスで「極右」と左翼ジャーナリズムから批判される愛国者政党は着実に、いや飛躍的に勢力を伸ばし、イタリアで、オーストリアで、ハンガリーで政権の座についた。

すべては移民への反感ばかりか、実際に移民に職を奪われたか、賃金が下がってしまい、自分の問題として移民問題を真剣に考えれば、ナショナリストが主張していることが正しいという流れになったのである。

戦前にアメリカやカナダでも中国人、日本人の移民排斥が起きたきっかけは、仕掛け人がアイルランド人だったことだ。

飢餓状態となったダブリンから押し寄せた経済難民は米国の西海岸へ移動し安い賃金で働いて日々の生活の糧を得ていた。先住民を殲滅したあとの西部開拓で、米国の資本家は廉価な労働者を必要としていた。カリフォルニア一帯はゴールドラッシュとなり、鉄道が東海岸から西海岸へ延びようとしていた。アイルランド人だけでは労働力に不足したため、中国広東省から労働者を大量に輸入する。これが苦力（クーリー）貿易と呼ばれた一連の、事実上の奴隷貿易で、鉱山開発、鉄道建設の現場に投入され、その以前に入植していた日系人とも対立を起こしていた。アイルランド人は自分たちよりも安い労働者が職を奪ったとして、排斥に乗り出し、激しい反日、反シナ暴動を惹起《じゃっき》した。このパターンが現在の欧州の移民排斥の原型である。例えば英国では、レストランの給仕や清掃人に大量のポーランド人の移民がある。従来の外国人労働者は「職が奪われた」として新参のポーランド人に憎しみを抱く。これが伏流水となってＢＲＥＸＩＴへと流れる。

近未来の日本でも同様なことが予測される。

中国経済の大転落、韓国は政情不安、北朝鮮との統一を恐怖する韓国民は「脱北者」ではなく、「脱南者」となって、蝗《いなご》の大群のように対馬から北九州、山口に押し寄せるだろう。間違いなく中国の断末魔がいずれ一〇〇〇万の難民を発生させるだろうし、しかも多くが偽装難民であろう。しかし日本政府にはいやな未来への対策がない。

韓国経済よりも深刻な台湾

スマホの売り上げ急減で韓国サムスンはふらふらだが、もっと深刻なのが台湾だ。

台湾といえばパソコンのエーサー、シャープ買収の鴻海精密工業、そしてＵＭＣとファンドリー大手のＴＳＭＣ（台湾積体電路製造）の御三家が世界的に有名だが、いずれも深刻な不況に直面することとなった。

エーサーはパソコンで世界二位のシェアを誇ったこともあった。台湾は人口二三〇〇万人で、韓国の人口の半分以下。したがって国内市場が狭く、海外に活路を求めるのは当然の企業戦略だった。スマホの生産に乗り出したが、この世界はファーウェイ、ZTEのほか、中国製にはオッポ、小米科技（シャオミ）がコバンザメのように張り付き、ほかにも部品を組み立ててスマホを売り飛ばす弱小メーカーが乱立、お互いが廉価販売のつぶし合いを演じることになった。

そしてアップル・ショックという激震によって、韓国サムスンの半導体輸出が急減し、LGのスマホも不振となる。

同時に台湾へ衝撃的影響をもたらすこととなり、新興のHTCなどは二〇一一年にスマホ業界に殴り込んだが、時すでに遅く、携帯電話市場の飽和現象と重なり、勝負に挑める機会ではなかった。

エーサーとHTCのスマホシェアは一％を割り込んだ。TSMCはインテル、サムスンと並んで世界半導体メーカーの御三家だが、そもそもファンドリーとは相手先の仕様、ニーズに合わせてのCPUなどを製造するのであり、独自のブランド商品を売っているわけではない。アップル、ファーウェイなどが売れ行き急減となれば、比例して受注が落ちこみ、一八年末には営業利益二〇％減となった。台湾経済の先行きも暗いのである。

台湾に傾斜するトランプ、賭けに出る習近平

米海軍艦船二隻が台湾海峡を通過した。米海軍の台湾海峡通過は二〇一八年十一月以来のことで、台湾への軍事的恐喝圧力を展開する中国牽制が目的だ。

米イージス駆逐艦「マッキャンベル」と補給艦「ウォルター・S・ディール」で、ペンタゴンは「自由で開かれたインド太平洋への米国の関与を示すものだ」と説明したうえで、「今後も国際法の許す場所であればどこでも飛行・航行し、作戦を展開し続ける」とした。

これほどまでに台湾に肩入れしている米国政権だが、対応する台湾の政治が迷走中である。

台湾独立を言わない現政権は昨秋の中間選挙で国民党に敗北するという失態を演じた。

蔡英文《さいえいぶん》総統は不人気で再選の可能性が低く、与党・民進党は次に頼清徳《らいせいとく》（前行政委員長、元台南市長）を立てる動きも水面下で進んでいる。蔡英文は一八年十一月二十四日の中間選挙での大敗をうけ民進党主席を辞任し、自派の卓栄泰《たくえいたい》にポストを譲ったが、頼も同時に

辞職を発表したため、蔡英文は新首相に蘇貞昌《そていしょう》（元首相）を選任した。

蘇は台湾大学ラグビー部で鍛えた弁護士出身だが、すでに七一歳。与党重鎮として、辣腕《らつわん》を発揮できるかどうか、党内の意思疎通を円滑化し、次期総統候補の一本化のために努力が望まれている。

しかし二月二十日、蔡英文は再選出馬を表明し、台湾独立派をがっかりさせた。

習近平国家主席は窮地に陥った状況を克服するには戦争に打って出る可能性がある。古来より、二流の指導者は事態が行き詰まると国民の不満をすり替えるために戦争をやるのだ。

習近平国家主席の台湾五原則とは、江沢民八原則、胡錦涛《こきんとう》六原則から数が減ったが、逆に強硬路線が目立つ特色がある。すなわち、

（1）台湾同胞は中国人である。ともに「中華民族の偉大なる復興を推進する」。
（2）一国二制度の台湾モデルの構築。
（3）「一つの中国」の原則を堅持し、台湾独立には絶対反対。武力行使も選択肢から放弃しない。
（4）中台の経済協力を進め、融合的な発展により平和統一の基礎を築く。
（5）共通の文化を持つ同胞が心を通わせる交流をやめず、平和統一に向けた合意を育む。

となっている。

台湾の反応といえば、
（1）はまっぴらごめん、台湾人は台湾人というアイデンティティ意識が強い。「中華民族」の仲間入りはごめん蒙《こうむ》りたい。
（2）「一国二制度」なるものは香港で真綿で首を絞められたように主権が奪われ、言論の自由がなくなったように、この詐術にはひっかかるものか。
（3）「一つの中国」にはトランプ政権も拘らないと言明している。
（4）経済協力はこれまで推進してきた結果、もうたくさんとして大陸からほかのアジア諸国へ拠点を移動させた台湾企業が多い。
（5）台湾と中国に共通の文化は少なく、むしろ異質の文化を台湾が持っている。「平和統一」などという詐術用語には警戒が必要だろう。
としている。

「台湾独立」は表にこそ表明しないが、大多数の台湾人の悲願であり、独立色を意図的に薄めた蔡英文への冷淡な反応、その見限りが中間選挙結果にあらわれた。

米国連邦上下両院で台湾のＷＨＯ復帰支持の法案が提出され、トランプ大統領の台湾擁護、防衛強化という政治的空気が背景にあることが分かる。

台湾防衛を基本とする米国はカーター時代に成立させた「台湾関係法」（一九七九年制定）を維持・発展させてきた。二〇一八年三月には「台湾旅行法」を、ついで同年十二月には「アジア再保証イニシアチブ法」を制定した。

次に台湾のＷＨＯへのオブザーバー参加である。台湾は北京の妨害によって国際機関への加盟が長らくできない状態となっているが、米連邦議会に変化が起きた。二〇一九年一月二十二日、米国下院は台湾の世界保健機関（ＷＨＯ）へのオブザーバー復帰を支持する決議を全会一致で採択した。下院に続いて上院も一週間後に超党派で同様の法案を提出した。

下院と上院が同じ法案で、かつ全会一致で可決すれば、大統領が署名しなくても自動的に法案は成立する。「台湾旅行法」も「アジア再保証イニシアチブ法」も上院・下院が全会一致で可決し、トランプ大統領が署名した。米国の台湾への友情深き姿勢はオバマ時代とまるっきり異なる。米国議会はトランプ大統領より深刻な対中危機感を抱いており、それが台湾との関係強化をはかる国内法の制定というかたちで現れている。

トランプ政権は「中国は一つであるという原則には拘らない」と政権発足直後からアナウンスし、直後には台北の米国事務所（事実上の米大使館）を北京の大使館と同様に宏大な規模として新築し、海兵隊が警備する措置をとった。台北市内湖区にある同事務所を見てきた友人の話では「裏山に繋がる位置、ほとんど要塞《ようさい》ですね」という構造物らしい。事実上の外交関係を象徴するように、トランプ大統領は明確な台湾擁護を、態度でも示したのだ。

台湾海峡付近を米海軍艦艇がさかんに「航行の自由作戦」として遊弋《ゆうよく》しているのも、台湾の国民に目には見えない安心感を与えている。

第五章 南太平洋も中国発TUNAMIが急襲

米国信託統治のミクロネシアに中国の影

南太平洋の島嶼《とうしょ》国家群というのはメラネシア、ミクロネシア、ポリネシアの三つの海域に一四の国々からなる。

アメリカの信託統治から事実上、独立したのがミクロネシアで、これらは「米国の裏庭」である。

豪州とNZの「前庭」がポリネシアとメラネシアだ。英植民地だった関係からも密接に利害がからむ。

これらの南方と、東の海域にニューカレドニアとタヒチが拡がり、フランスの「遠庭」、いまも歴《れっき》としてフランスの植民地である。

南太平洋における中国の投資状況

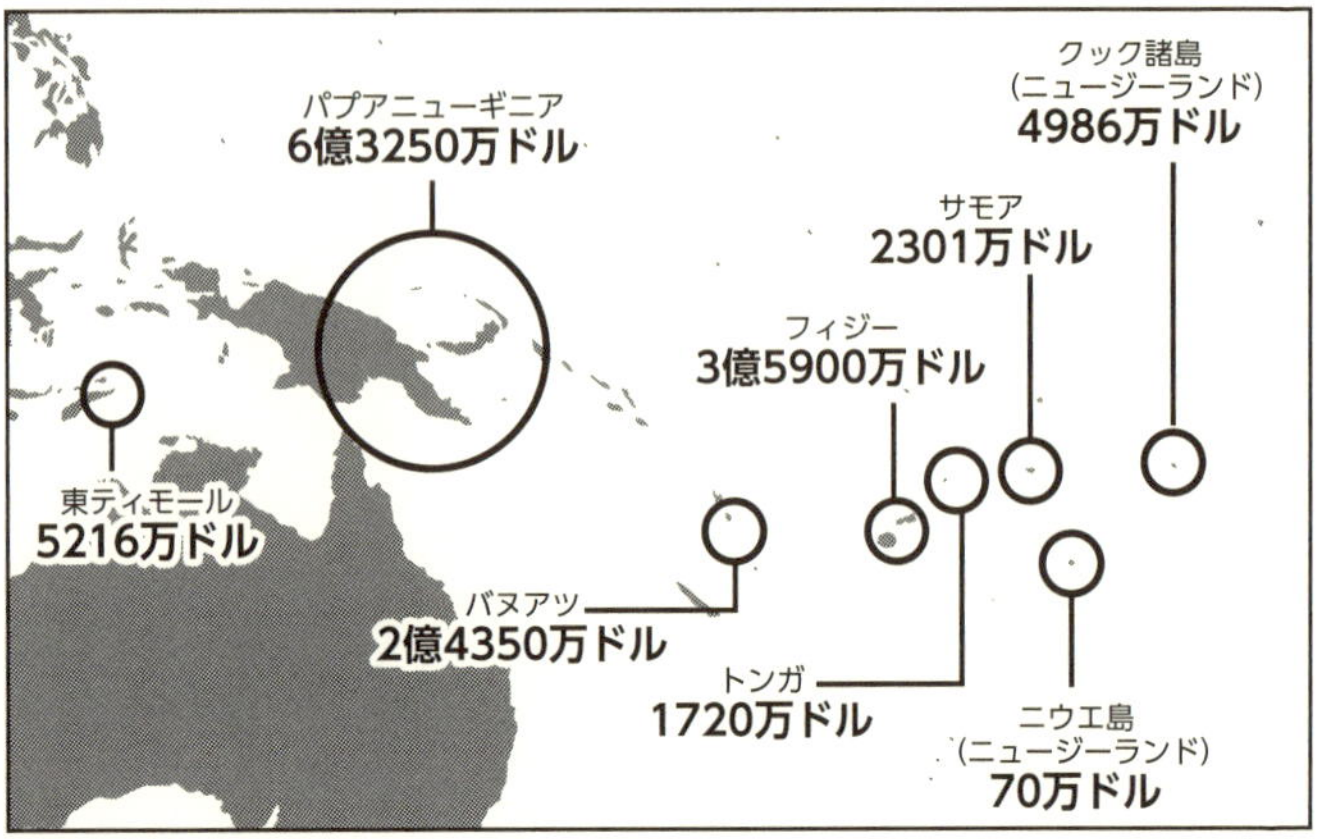

中国が南太平洋を「一帯一路」の投資対象国に算入したことは、米・英・仏・豪・NZの利害と直接対峙《たいじ》を意味することになり、昨秋（二〇一八年）にパプアニューギニアで開催されたアジア太平洋経済協力（APEC）では議長声明も出せないほどに対立関係が先鋭化、会議は紛糾した。

南太平洋の静かなラグーン、紺碧《こんぺき》の空と美しい海にチャイナからTUNAMIが押し寄せたのだ。

実際の中国の投資は国あるいは地域によっては豪を歴然と抜き去っており、カネになびく島嶼国家は列強と中国を秤《はかり》にかけて「バランスを取る」と主張しているが、「借金の罠《わな》」に陥落したときにどうするのか。

南太平洋全域で中国が推進中のプロジェクトは実に二一八件、金額は一七億八一二〇万ドル（二〇一八年十月現在、豪シンクタンク「ロウリー・インスティチュート報告」）に達している。

飛び抜けて中国からの投資が大きいのがAPEC会場となったポート・モレスビーを首都に持つパプアニューギニアで六億三二五〇万ドルを超えた。この付近は大東亜戦争中、日本の多くの艦船が沈没し、夥《おびただ》しい犠牲を出した戦域でもある。とくに激戦地ラバウルとガダルカナルも、この海域に含まれる。

次にフィジーが三億五九〇〇万ドル、バヌアツが二億四三五〇万ドル、サモアが二三〇一万ドル、そしてトンガに一七二〇万ドル。注目は東ティモールである。すでに五二一六万ドルを投下したことが明らかとなっている。あまつさえ援助をもらった多くが中国の投資受け入れと引き替えるかのように台湾と断交するに至った（東ティモールにも取材に行ったが、首相官邸府、ターミナル、火力発電所、橋梁工事などを中国が行っていた。詳しくは拙著『日本が危ない！　一帯一路の罠』、ハート出版を参照）。

ミクロネシアの北西部に拡がるマリアナ諸島は北から南へ八〇〇キロの海域が拡がり、一五の島々と岩礁からなる。大東亜戦争では日本兵の玉砕が続いたグアム、サイパン、テニヤンも地理的には含まれ、南西端がヤップ島。そう、あの石貨で有名な島である。

グアムの四分の一は米軍基地である。昔は日本の信託統治領で「大宮島」と言った。日本の敗戦後も、この島で三〇年、奇跡的に暮らした横井庄一二等兵が世のなかに出てきたときは、日本中が大騒《さわ》ぎだった。そのあとからフィリピンのルバング島に三三年の歳月を送った小野田寛郎少尉が軍刀をさげて現れ、世界中がびっくり仰天したものだった。

いま、グアム島には戦略爆撃機、核兵器搭載の戦闘機などが配備されており、また韓国配備でもめたTHAAD（高高度防衛）ミサイル基地がある。ヤップ島にもかつては米軍の無線連絡所が置かれていた。

ワシントンからは一万二五二九キロ、一三時間の飛行だが、北京からは三九五三キロ、わずか五時間の飛行で到達できる。

中国が「グアムキラー」の異名を取るDF26（東風26）を実戦配備につけ、驚いたアメリカは中距離核戦力（INF）全廃条約を破棄し、中距離ミサイルの開発と再配備を宣言した。INF廃棄は米国が中距離ミサイルを増産し、配備する戦略であって、あくまでも中国の軍事的脅威への対抗措置、日本は歓迎すべきなのである。

さてミクロネシア海域の西側に拡がるのが世界一深いとされるマリアナ海溝（一万一九〇二メートルが日本の測量結果）、もともとは英国、米国が競って探査してきた。マゼランが発見する前までは原住民チェモロ族が住んでいた。中国は深海探査を目的として「探索一号」という深海探査観測船を投入し、いつの間にかヤップに通信基地を置いている。

米国のシンクタンクＣＳＩＳは先ごろ「ミクロネシア海域にも中国の軍関連スパイ船が頻繁に出没している。海洋探査は名目にすぎず、目的は潜水艦の航路調査、海中発射ミサイルの可能性調査などを展開している可能性が高い」と警告を出した。

軍事専門家のなかには南シナ海に造成した軍事基地との連携でマリアナ海溝に潜航する潜水艦が台湾攻撃の際に使用されるだろうと分析・予想している。

オーストラリアの逆襲で南太平洋の地政学が激変する

かくして南太平洋に宏大に散らばる島嶼国家でも中国 vs. 米・豪・ＮＺ・英・仏、そして日本という構造的配置が形成されつつある。

気が気ではなくなった国の筆頭はオーストラリアだ。

従来は中国の投資歓迎、シドニーは五〇万人もの中国人が住み、巨大なチャイナタウンが拡がって華僑の大活躍がなされてきた。

シドニーだけで発行されている華字紙は五種、いずれもカラー印刷で一〇〇ページ近く求人や弁護士事務所、留学方法の広告で埋め尽くされている。怪しげなマッサージパーラーの広告もある。チャイナタウンのコミュニティ紙である。筆者もシドニーで全部の華字紙を購入したが、日本で言えば全国紙五紙の正月特大版を持つほどの重み。ずしりとその重量を感じたものだった。

オーストラリアは鉄鉱石、石炭などに恵まれた資源王国だから、資源鉱区には次々とチャイナマネーが入り、鉄鉱石も石炭も中国が買うので資源関連企業はウハウハだった。そのうち軍港ダーウィンの埠頭《ふとう》を、オーストラリアは九九年の貸与を中国企業に認めたほど親中路線だったのだ。

突然、豪政府が変貌《へんぼう》した。

閣僚たちが「太平洋が無用の建物で溢《あふ》れ出した」と批判し、無造作に見えた中国の投資の背景に「シルクロード」ではなく、別の思惑、すなわち軍事戦略が隠されていることを悟った。国家安全保障が中国に脅かされている事態に首都キャンベラの豪政府も議会もハッとなった。気がつくのが遅かった。

二〇一八年のAPEC開催に前後して、スコット・モリソン豪政権は南太平洋の島嶼国家へ「安全保障」を国家戦略の目標として梃子入れの強化をはかる。これはAPECでの中国の「猛威」を前に、急激な動きとなった。まるで中国の浸透ぶりは急激かつ激流をともなったTUNAMIではないか。

豪政府は二三億ドルを地域振興のために投下する「南太平洋インフラ投資銀行」を設立し、また旧軍港だったマヌス基地の再建を米国と共同開発することなどを決めた。

もとより日本もこれらの地域へは多大な貢献を為してきた。三年ごとの「太平洋島サミット」（一八年五月には福島で開催）、ほかにも「太平洋諸島フォーラム」という政府間協議の枠組みを設け、政府開発援助（ＯＤＡ）などの具体策を詰めてきた。

二〇一九年一月十六日、豪政府の巻き返しが本格化し、スコット・モリソン首相はまずバヌアツを訪問した。

バヌアツは中国が軍港建設を目的として港湾整備投資が行われており、米国ばかりか英国、フランスが警戒を強めてきた。道路建設も中国企業が進めている。

そこで豪はバヌアツに警察学校を新設し、警官の育成と訓練を行う。南太平洋におけるプレセンスを高め、地域の安定を図る。

ついでモリソン首相はフィジーを訪問した。過去一〇年、敵対的とも言える緊張関係にあったフィジーの首都スバにおいて重要演説を行った。フィジーは軍事クーデターによる軍政が続いているため、西側が民政移管を求めてきた。このためフィジーは西側と距離を置いた。二〇一四年にようやく民政移管となったが、この間の政治的隙間《すきま》を狙《ねら》って中国に急接近した経緯がある。

首都スバの首相官邸は中国が改修し、寄付した。マグロ漁場を狙って、スバにはマグロ漁獲センター構想を持ちかけ、すでに冷凍設備、倉庫など港湾近代化を主導している。

こうした壮大なプロジェクトを習近平国家主席はパプアニューギニアにおけるAPEC会議前に、首都のポート・モレスビーに南太平洋八カ国の元首クラスを招き、「一帯一路」への組み入れ、投資拡大を目指すとした。

いうまでもなく中国の一義的目標はいまも台湾と国交を持つキリバス、ソロモン、ナウル、ツバル、パラオ、マーシャルに接近し、投資をちらつかせて台湾と断交させることにある。

すでに空白に乗じて、南シナ海の七つの島に軍事基地を造成し、その強引な覇権を露骨に示威している中国は米欧の「前庭」「裏庭」として保護され、あるいは信託統治だった南太平洋の島嶼国家群にも表看板に「一帯一路」を標榜《ひょうぼう》し、静かに着実に忍び寄った。関与する島嶼国家群の排他的経済水域（EEZ）は日本の一〇倍ほどの広域で、海洋資源は魚介類ばかりか、深海に眠るレアメタル、海底の油田とガスである。

中国の長期的な狙いには第一列島線を突破し、第二列島線を繋ぐ軍事戦略が控えている。

ならばNZはどうしたか。

NZ政府がファーウェイ製品の禁止を正式決定したのは、一九年二月になってからだ。

中国はＮＺへの憤懣《ふんまん》やるかたなく、何かの報復手段に出るだろう。すでにＮＺ学界では、中国旅行には行かない雰囲気が支配している。いや、すでに一月にはオークランドを飛び立ったＮＺ航空機が、上海で着陸許可が出ずに引き返すという事件が起きた。両国関係に殺伐とした空気が流れた。

ＮＺへの観光客は年間三八〇万人、このうちの一五％の五七万人が中国人であり、どこへ行ってもチャイナチャイナとなっていた。今年は「中国人観光イヤー」とも命名され多彩な行事が予定されていた。中国人観光客は金遣いがあらく観光業界のインバウンド収入は一六〇億ドルにものぼるという統計がある。「キーウィ経済」とからかわれるＮＺから中国への輸出は一五〇億ドル。さらに中国人投資家による不動産投資が一五億ドルの巨額に達していた。首都のウェリントンばかりか、古都オークランドもクライストチャーチも……。ＮＺにとって中国は「大事なお客様」であり、ジャシンダ・アーデン首相（女性）は春節にわざわざオークランドで開催された祝賀行事に出席して両国の友好を謳《うた》ったばかりである。

ところが英国のフィリップ・ハマンド財務相が北京訪問を延期したように、アーデン首相は一八年末に予定していた中国訪問を延期した。英もＮＺも、北京訪問予定を未定とし、「国家安全保障が優先する」と抽象的なコメントでお茶を濁した。

背後にあるのは諜報機関の連携、情報を共有する「ファイブ・アイズ」の誓いが機能しているという国際政治の舞台裏を思い起こしておく必要がある。NZは大英連邦の主要構成国であり、ガリポリの戦役では英国の要請に基づき、豪軍とともにトルコへ軍隊を送った。

中国は「ファーウェイ製品にスパイ装置を施してはいない」としらけるような反論を繰り出したばかりか、NZの主要新聞すべてに全面広告を打って反撃キャンペーンに乗り出した。

そのファーウェイの反論宣伝コピー曰く。「ファーウェイなくして5Gを実現するなんて、NZなしくてラグビー大会をするようなもの」。

豪政府に続いてNZの対中外交の変化に留意しておきたい。

パプアニューギニアで西側の対中「巻き返し」が本格化

パプアニューギニアがAPECの開催地となり、中国をめぐり揉《も》めに揉めた。そこで本書のゲラをかかえながら筆者はポート・モレスビーへ飛んだ。世界文明的に「石器時代に最も近い国」と言われたが脱しつつあるというのがその印象だった。

この国は近代史に視野を限定して地政学的に言えばオーストラリアの縄張りに入る。

島の東西はまっすぐ縦の国境線で分断され、西側がインドネシアに編入された。大航海時代には定石通りポルトガル、オランダ、英国と列強がやって来て交互に統治した。戦時中は日本軍が上陸したものの全島の占領にいたらず、日本兵士らは兵站のまずさから飢え、風土病などで夥しい若者たちが命を落とした。実に投入された日本兵は一七万人、生還がわずかに一万人という激戦地だった。この島へ行く日本人ツアーの目的は二極に別れ、慰霊遺骨収集団と、もう一つがダイバー組だ。同胞の遺骨が眠る場所でダイビングとは無神経も甚だしいと激怒する人も多い。

安倍首相は二回訪問している。二〇一四年の訪問では激戦地を慰霊している。

パプアニューギニアは戦後、オーストラリアの信託統治から独立（一九七五年）、大英連邦のメンバーである。日本より二五％も面積が広いにもかかわらず人口はわずか八〇〇万人強。一人あたりのGDPは二二〇〇ドル足らずで最貧国の一つである。

日本人のイメージはと言えば、精霊信仰、黒呪術、人食い、石器時代に最も近い国という概念だろう。

ところがパプアニューギニアは日本と深い関係がある。水木しげるの妖怪変化《ようかいへんげ》、『ゲゲゲの鬼太郎』に出てくるお化けたち、実はラバウルに出征した水木が現地の精霊信仰の実態を体験したことから描かれた。鳥取県境港市に行くと水木しげる通りには数十体の妖怪、お化けの彫刻が並んでいる。

ラバウルは日本の後方支援基地であり零戦が配備されていた。山本五十六《いそろく》の最後の激励視察もラバウル基地だった。ここから飛び立った機が米軍の暗号解読によって分かり、撃墜された。

そのパプアニューギニアで開催されたAPECには習近平国家主席、安倍首相、メドベージェフ首相（ロシア）、そしてモリソン豪首相、ペンス副大統領と二九カ国から元首並びに元首級が揃い、同国始まって以来のお祭り騒ぎにもなった。

しかし治安面で不安が大きいためポート・モレスビーにはオーストラリア軍が派遣され、厳戒態勢を敷いた。加えて同空軍が空中を警戒、なにしろパプア軍は二一〇〇名しかおらず、空軍の装備はヘリコプターしかない。治安維持のためには先進国の全面協力が必要だった。

オーストラリア政府は中国資本による企業買収の阻止に懸命となり、香港のCK集団のAPA買収案件も阻止した。APAは家庭用ガス・パイプラインの会社であり、なぜ香港華僑の経営になるのかと、安全保障が理由にされたからだ。海底ケーブル工事へのファーウェイの入札も拒絶した。南西太平洋はオーストラリアの守備範囲と自認しているから中国の無神経な進出には神経質となる。

加えて中国のアジアインフラ投資銀行（ＡＩＩＢ）に対抗するかのように、「南太平洋インフラ銀行」を設立し、資本金二三億ドルを投下することは述べた。このインフラ建設プロジェクトには米国、日本、ニュージーランド、そしてフランスと英国の提携があるとした。中国の猛攻に明確な対応策が出てきたのだ。

米国はすでに一帯一路に対抗して「インド太平洋ファンド」を六〇〇億ドルに増資して、本格的インフラ建設の協力をするとしている。同様にフランス政府も強い関心を寄せている。

モリソン豪政権の構想は、南西太平洋に戦略的安定、主権保護、経済安定のためのインフラ、運輸の充実とエネルギー産業の育成、通信網の拡充をはかるべきであり、中国の一帯一路に正面から対峙することになる。

これらの地域への二〇一六年の支援実績はオーストラリア政府が八億ドル、ニュージーランドが一・九億ドル、世銀一・四億ドルなど。中国も一・四億ドルを注ぎ込んで、南西太平洋地域への投資を膨張させていた。

かくしてパプアニューギニアにおけるＡＰＥＣの議論はもつれにもつれ、物別れとなった。「首脳声明」（共同声明）が出せないという異常事態のまま閉幕し、この流れはリオ・

デジャネイロのG20首脳会議にもつれ込み、米中決裂の溝はもっと深まった。中国は「保護貿易主義はよくない。一国主義はよくない」と自分のことを一切棚に上げてトランプ大統領の貿易政策を間接批判したが、冷笑されただけだった。

事態はさらに進んで米豪両国がパプアニューギニアに海軍基地を復活する計画が話し合われ、中国の海の脅威に共同で対応することが決まった。

ペンス米副大統領とモリソン豪首相は北海域にあるマヌス島のロンブルム港を再開発し、海軍基地とするとした。

マヌス島は人口わずか六万人、ほとんどの島民が漁業と果物栽培などに従事しているがパプアニューギニアのなかでも最貧地域とされる。しかし西側にとってシーレーンを防衛する後衛の役目を果たす重要なポイントなのである。

ペンス米副大統領は「日本とも協力し、鉄道、道路、通信網、エネルギー基地と電力の供給プロジェクトなどのために別途一〇〇億ドルを予定している。いずれもインド太平洋戦略を重視するためだ」と発言した。こうした動きから分かることは西側列強が南太平洋の島嶼国家の戦略的重要性に鑑み、世界史の地政学的ゲームの梃子入れをはかっていることである。

フィジーやマーシャル群島で擬似政変

フィジーは北をツバル、西にバヌアツ、東にトンガを見渡し、原住民のフィジー人が五七%、インド系が三八%、ここへ華僑が雪崩れ込んで五%くらいの人口比となった。中国からの観光客は年間一万人以上、いまでは中国各地からの直行便も飛んでいる。南太平洋大学にもキャンパスに孔子学院も開校している。

二〇一四年には習近平国家主席がスバを訪問し、四年間で二〇〇〇名の留学生受け入れ、研修生準備のための授業など、若者を中国的に洗脳しようと長期的な工作を開始している。

露骨な事業はフィジーのマグロ漁場を活性化し、漁業の一代センター化である。

フィジーもまた南太平洋に浮かぶ珊瑚礁《さんごしょう》の島々からなる島嶼国家で、紺碧の空の下、のんびりと椰子《やし》の葉陰でバナナ、悠々自適で暮らそうとばかり老後の夢を描いた人々に

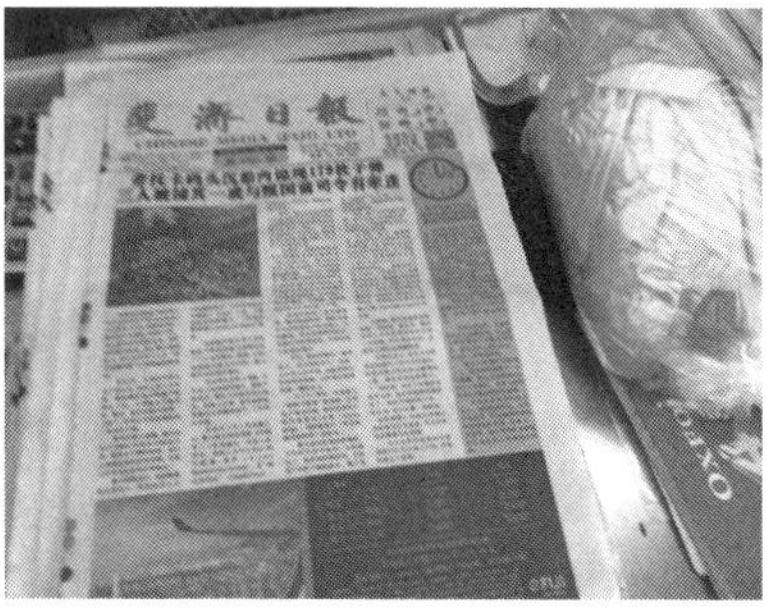

フィジーで発行されている華字紙

とって真っ青になる動きが顕著となった。

中国政府はインフラ整備の援助、道路建設、水力発電所。そしておきまりのように公舎などを建設し、提供した。現在、バイニマラマ首相官邸の塀囲いを無償で建設中だ。ただしスマホ市場は大英連邦のメンバーでもあるボーダフォンがほぼ独占している。

国際的に批判の強い軍事政権を率いるのは元海軍司令官、フランク・バイニマラマ首相。過去二回のクーデターの首謀者でもある。

このバイニマラマ首相が親中路線を突っ走る。なぜならオーストラリア政府とニュージーランドの外交政策の失敗であり両国の外交官が国外退去を命じられ、最も重要な国との外交が途絶えたからだ。中国は宇宙観測船、医療船などを次々とスバ港に寄港させ、「文化交流」を標榜しながらも、現地に溶け込んだ七万人の華僑の組織化に余念がなかった。

同様な手口でトンガ、ツバルなどにも接近したが、とくに注目を集めるのがバヌアツのルーガンビル港開発だった。上海建設工事集団は港湾の整備、埠頭改修、拡張工事に従事し、このルーガンビル港を「南太平洋のジブチ」のように軍事利用を視野に入れていると推測される。チャンスをいかす中国はみごとにタイミングと捉えた。

中国はマーシャル群島にも照準を合わせている。

「マーシャル群島に『オフショア市場』を創設しよう」というのが中国の言い分で、同国のヒルダ・ハイネ大統領は「そうした動きに反対する私の政権に介入し、（中国が間接的に）排除しようとしている」と爆弾発言を繰り出した（二〇一八年十一月十四日付「アジア・タイムズ」。シドニー発）。

マーシャル群島は一九一四年から四五年まで日本の信託統治だった。この時代を懐かしむ長老のなかには日本語が流暢《りゅうちょう》な人々もあって、大変に親日的な島嶼国家だ。そのうえ国連で一票を持ち、台湾とは外交関係があるという不思議な政治位置にある。

焦点が当てられたのはラリック列島のロンゲリック環礁である。

ここに「ドバイのような金融センターを建設しよう」というのである。実際に議会は元議長や元首相ら有力者が推進チームを組み、ヒルダ・ハイネ大統領の解任を緊急動議、一六対一六となって結論は持ち越された。

「中国のカネがマーシャル群島の政治安定を損ねようとしている」と彼女は訴えた。事情通は「仮想通貨の導入をめぐる混乱」と弁明したが、ハイネ大統領は否定し、「一つの珊瑚礁の環境を破壊し、中国が金融の特区を作ろうとしているのだ」と訴えた。というのもロンゲリック環礁は住民がわずか二二名。この環礁にある日、突然、中国資本がやって来て一〇〇〇戸の別荘を建てたのだ。永住権が付与される投資ビザを要求したが、マーシャル群島の憲法では別の法律が適用される島には認められないとした。

ビキニ環礁を思い出す読者が多いかもしれない。マーシャル群島は南北に長く、ビキニはやや北東、一九五四年、ここで米軍は水爆実験を行い、ビキニは久しく核汚染のため未開発だった。

ロンゲリック環礁はその近くに位置する。わずか五万三〇〇〇人のミニ国家ゆえに親戚とか部族の依怙贔屓《えこひいき》が政治の駆け引きとなりやすく、理想やイデオロギーはほど遠い論争、もっとも外交安全保障は独立後もアメリカ任せであり、米軍基地がある。

ことほど左様に、従来軽視されてきた南太平洋の、とりわけミクロネシアの島々にまで中国は一帯一路プロジェクトを持ち込んだのである。

アメリカばかりか西側が、この脅威を前により強い団結を見せ始めたのも当然の流れといえる。

ニューカレドニア、トンガ、ツバルで高まる中国の存在

ニューカレドニア住民はフランスからの「独立」に反対票を投じた。

この海域はあまりにも宏大なため、ほかにも様々な島嶼国家がある。

フランスにとってニューカレドニアは「お荷物」でしかなく、独立してくれるとフランスは経済的負担、とくに防衛義務から逃れられる。だがそれを見越してカレドニア住民は「独立」に反対票を投じた。二〇一八年十一月四日、フランスとの「ヌーメア協定」に従って二〇年間延期されてきた「独立か、否か」を問う住民投票が行われ、五七％が「独立反対」とした。有権者は一七万四〇〇〇人、うち八〇％が投票した。

かつてニューカレドニアを「天国にいちばん近い島」などと浮かれたことを書いた日本人の女流作家がいた。このため日本からのツアー客が多かった。かくいう筆者も三〇年ほど前にニュージーランドからの帰路、ヌーメアから先の便が満席のためにニューカレドニアに一泊を余儀なくされた体験がある。現地人カヌックは肌黒く、凶暴そうな顔つきで、イメージと違う、天国に近いなんて嘘だろうと思ったものだった。

首都のヌーメア（人口一〇万人）まで空港からバスで一時間もかかることは想定外だった。町には瀟洒《しょうしゃ》なホテルに居酒屋、すき焼き屋や料亭もあった。その後、同じフランス領でもタヒチに直行便が飛ぶようになり、ニューカレドニア観光ツアーは減った。住友鉱山は特産だったニッケル鉱山を閉鎖し、撤退した。

珊瑚礁は世界遺産、面積は四国ていど。海浜リゾートは近年、中国人ツアーが夥しくやって来て巨大ショッピングモールなども建ち、他方で海洋汚染が懸念されるようになった。また近年、日本人の高齢者引退組が、ロングステイを目的にこの島にやって来る人がちらほら目立つようになっている。

トンガは大英連邦加盟の王国、立憲君主国の憲法は日本の明治憲法より古い。一七二の島々、このうち四五が有人島で、人口わずか一〇万余。軍隊は五〇〇人程度。だから二〇〇六年に反華僑暴動が起きたときは豪とニュージーランドが軍隊を派遣し戒厳令に協力したほどだった。

しかしトンガは早々と一九九八年に台湾と断交した。中国の積極的援助は二〇〇六年から二〇一六年までに一七億ドル強。日本は国際空港ターミナル建設で貢献したが、中国はと言えば、トンガ政府の合同庁舎を建設し、無償提供。加えてＧＤＰの半分を超す低利融資によって道路、港湾建設、そして首都のヌクアロファがパンクするかと思われるほどの夥しいツアー客（二〇一五年には八万七〇〇〇人）。「このままでは国が乗っ取られる」と危機感を抱く政治家が出る。

中国の狙いは単純明快で船便の拠点、ブナ港だ。かつて大東亜戦争中に日本が整備した埠頭に近い港湾には中国から大型観光船などが寄港・接岸し、測量を終えて軍事利用の可能性を探っている。

トンガといえば長身族が代名詞となるほどに男の平均一七七センチ、女性は一七〇センチ、靴のサイズは二六センチ平均というから、日本人は見下ろされる格好になる。
ツバルは「沈みゆく島々」と言われるほどに海面上昇が目立ち、モルディブ同様の扱いをうけるが、一部の島は逆に地面が増えている。これはゴア元米国副大統領等が唱えた「地球温暖化」というキャンペーンがいかがわしい学説に基づいていたことの逆証明にもなると主張する地質学者があり、今後も議論を呼ぶだろう。

ツバルの国柄といえば王国である。そのうえ大英連邦のメンバー、宗教もプロテスタント系の英国国教会派だ。言語はもちろん英語ときている。

ところがツバルの通貨は豪ドル、ややこしい限りだが、人口が一〇万人しかいないのだから国家といえるかどうか。人口減少はイースター島の惨状に似ていてスペイン時代に労働者としてハワイやペルーに島民が大量に送り出されたからだ。

首都フナフティもまた中国人がうろうろと目立つようになった。航空便のアクセスはフィジーとの間に週二便しかなく、何事も不便、だからこそ中国は投資を餌にツバルにつけいり、台湾と断交させてしまった。

中国への警戒が極度に強まったのは巨額プロジェクトと軍事施設の建設予兆、そして外交的に台湾問題が輻輳《ふくそう》し、米英と豪が慌てふためいたという図式になる。

第六章 石油リッチの中東も、資源リッチのアフリカも落ちた「中国の罠」

サウジアラビアから一一〇万人もの外国人労働者が「エクソダス」

中東とアフリカにおける中国の浸透ぶりは、日本のメディアがときおりにしか伝えないため詳しく知らない人が多い。

中東へは武器と引き換えに中国は石油取引を有利な方向に導いてきた。アフリカ諸国へもシルクロード建設に組み込んで六〇〇億ドルを投じると豪語している。

象徴的なプロジェクトはパキスタンから、アフリカの角《つの》に位置するジブチへ六二〇〇キロの海底ケーブルを敷設していることだ。中国の壮大な野望が、このプロジェクトで代弁されている。すなわち5G時代の中東とアフリカ市場は中国がいただくという野心が秘められている。

主要な国別に最近の動きを見ておこう。

サウジアラビアの最近の印象を問えば、「金持ち」イメージから「住み心地の悪い」国に激変している。

一九七〇年代の石油ブームが経済繁栄をもたらし、外国から労働者が大挙してリヤド、ジェッダを目指した。家政婦はフィリピンから、きつい労働現場にはインド、パキスタン、そして周辺のアラブ諸国からもドッとやって来た。この傾向はアブダビ、ドバイ、カタールも同じだった。富は永続し、原油価格は一バーレル＝一〇〇ドルで安定するはずだった。このタイミングを選んで中国の建設企業、デベロッパーがどっと中東に進出し、またドバイの不動産投機は浙江省温州集団が主役だった。

砂漠の蜃《しん》気《き》楼《ろう》のように、高層ビルが林立し、ハイウェーが整備され、モノレールも敷かれ、疾駆する車はフェラーリ、アストン・マーチン、BMW、ベンツ、トヨタだった。これは中国の大都市の風景に酷似するが、サウジも同じである。

支配階級の大金持ちたちは国内で酒も女遊びもできないため、自家用飛行機でエジプトやスイスに飛んで大酒をのみ、美女を侍らせた。世界の有名リゾートの高級マンションはアラブの富豪が買い占め、ヨットハーバーには彼らの最高級ヨットが係留されていた。アラブ富裕層の「黄金の日々」は黄昏《たそが》れた。

原油価格の下落が直接的な原因となって高度成長を謳歌《おうか》してきたサウジアラビアにも深刻な大不況が訪れ、一七年初頭から一八年第3四半期までに一一〇万人の外国人労働者が帰国した。大エクソダスだ。とくに虐待されたフィリピンの女性の帰国に際してはマニラ空港にドゥテルテ大統領自身が出向いて暖かく出迎えた。サウジに限らずドバイやクエートからの帰国女性が目立った。中国への出稼ぎ組も相当数が帰国した。

現在、サウジ国民の過半は三〇代以下の若者であり、しかも失業が一二・九%に跳ね上がった。したがってサウジ国民が騒ぎだすのも無理はなく「外国人がわれわれの職場を奪った」という論理になる。

となると外国人労働者は建設現場からは冷酷にレイオフされ、熟練エンジニアにも賃下げという措置がとられ、居残る労働者とて「友人たちは皆帰った。おれもそろそろ、第一、サウジアラビアは住むところではない」と吐き捨てる。

エクソダスに拍車がかかったのはサウジ王室を批判したジャーナリストのカショギをトルコの領事館において殺害したことであり、イメージ改善のため、カショギ殺害事件の直後からサウジの女性にも運転免許を与え、就労のチャンスも拡大させ、米国大使に女性を任命したりしたが、いったん固まった悪印象が好転することはなかった。

中国の中東、アフリカへの「一帯一路アプローチ」は戦略的文脈から言えば以下の通りだろう。

中東は原油、ガスの供給源であって、鉱区を押さえるために中国の売りは武器輸出とプロジェクトの売り込みである。

アフリカへ急接近の狙いは第一に原油（スーダン、アンゴラ、ナイジェリア）、第二にレアメタル（コバルト、ダイヤなど）で南ア、コンゴ民主共和国重視となる。第三が農業だ。ケニア、タンザニアなどの農地を買収し、そこで育てた農作物を中国が輸入する。第四が漁業への進出で、改革開放以来、中国人の食生活が変わり、魚介類を大量に食べるようになって世界の漁場の地図が塗り替えられた。卑近な例が日本海のイカ漁である。北朝鮮が中国に漁業権を売却してしまったため、北の漁船はより日本に近い排他的経済水域（EEZ）へ侵入しているように、同様なことがマダガスカルなどで起きた。

イスラエルに浸透する中国

イスラエル最大の港ハイファ港が中国の港湾開発企業と二五年のリース契約をしてい

た。

過去四半世紀でイスラエルと中国の貿易は二〇〇倍もの大躍進を遂げた。二〇一五年にイスラエル政府は中国の上海国際港湾集団とイスラエル運輸省との間にハイファ港のターミナル近代化とその運営を二五年間、中国に任せることで合意し、建設が進められてきた。中国が投じた建設費は二〇億ドル。

ほかにもイスラエル三大港湾の一つアシュドッット港の近代化工事に「中国港湾エンジニアリング」は八億七四〇〇万ドルを投じて工事を実施中である。

国家安全保障の面から考察すればイスラエルの三大港湾（もう一つはエイラート）に中国の影響力が浸透することを意味する。

中国はギリシアのピレウス港の運営権を三〇億ドル投資して買収し、次はアドリア海の突き当たり、イタリアのトリエステ港を狙っている。

また紅海への入り口であるジブチには、すでに海軍基地を建設し一万近い中国人民解放軍兵士が駐屯している。その隣には免税特区、工業団地を建設している。

ペンタゴンが警戒するのは、ジブチの米軍基地に隣接する場所が中国軍の基地であり、米海軍の行動、装備、兵隊の交替などをモニターしているばかりか、作戦を妨害できる能力を保持しているからである。

ジブチの映像を観て驚いた。鉄道駅のプラットフォームの表示に中国語が並記されているではないか。

イスラエルのハイファ港は米海軍艦船が寄港し、また米海軍との共同軍事訓練のほか、インテリジェンス活動では枢要な位置を占め、中国がいうような「一帯一路」の経由地として商業的活動に限定される可能性は少ない。

ハイファ港を中国企業が開発するという契約をめぐってイスラエル政府内部に慎重論が浮上し、またワシントンが「重大な関心」を示している。

イランのチャーバハール港を制裁から外した米政権の狙い

トランプ大統領が発動したイラン制裁は、イランからの原油輸入禁止が眼目である。ただし半年間、インド、日本などが除外された。致命的な事態となるのは日本で、全輸入量の五・五%をイランに依存してきたため、原油輸入の代替ルートが必要である。

ところがポンペオ国務長官は「イランの南端にあるチャーバハール港での貿易は、制裁の対象外とする」と追加で発表した。このニュースはいったい何を意味するのか？

チャーバハール港はインドが主導して港湾開発に乗り出し、第一期工事は完成、すでに同港から鉄道で貨物の北上は始まっており、アフガニスタンへと運ばれている。

インドからは宿敵パキスタンを経由すれば近道だが、運搬ルートとして使えないために、迂回路を開発し、アフガニスタンへ物資を輸送。またイランもこのプロジェクトに前向きだった。

米国がこの港だけを制裁の対象外とするのも、アフガニスタンに駐在する米兵がまだ一万余（二〇一九年三月現在）あって、兵站《へいたん》ルートとして活用できるからでもある。なにしろ米国は一八年間、アフガニスタン戦争を戦った。タリバンとの和平交渉は進展が見られるとはいえ、具体的方法論での討議が継続中である。公式的にも米国は「アフガニスタン経済の発展に寄与するうえ麻薬栽培農家を転業させるバネにもなる」とインドの投資を歓迎し、制裁の例外とした。

このチャーバハール港の東八〇キロにあるのが、ＣＰＥＣ（中国パキスタン経済回廊）の拠点＝グアダール港である。

グアダールは深海であり、バロチスタン州を通過してイスラマバードから中国へと至る壮大なパイプライン、鉄道、ハイウェー、そして光ファイバー網を建設中である。後者の総予算は六二〇億ドル、パキスタンは償還が難しくなったため中国とサウジアラビアに緊急融資を要請したが、ＩＭＦの管理に移行するのは時間の問題ともされる。

話は脱線するが、パイプラインの脆弱性《ぜいじゃく》についてである。二〇一九年一月十八日にメキシコ中部イダルゴ州トラウエリルパンで起きた爆発事故。現場は大火災となった。八五名が死亡、六〇〇名が負傷するという大惨事だ。

なぜこういう事故が起こるかと言えば、付近の住民の間では常識となっているのがパイプラインからのガソリン窃盗なのだ（中国の奥地でも当たり前の風景だが）。

子供たちも動員され、プラスティック容器にガソリンを盗み、なかにはそれを売って生活の糧としている。精油所からわずか一三キロの場所だが、警備は緩く、ほとんど取り締まりがない。

ロペス・オブラドール大統領は、「犯罪組織のガソリン盗難への取り締まりを厳格化する」と声明した。ガソリンをパイプラインから抜き取るのは犯罪組織がからむ場合はロータリー、タンク車なども動員され、ほかにガスの窃盗団もある。

中国は海外に長い長いパイプラインを何本も敷設している。だから盗難事件が絶えない。トルクメニスタンからのガス・パイプラインはウズベキスタン、カザフスタンを通過して新疆《しんきょう》ウイグル自治区へ四〇〇〇キロ運ばれる。途中での盗難は常態化しているようである。

南スーダンの中国鉱区からポート・オブ・スーダン港へは七〇〇キロ。治安が悪いため、パトロールを怠りなくし、またパキスタンからも一四〇〇キロの原油とガスのパイプラインをパキスタン正規軍が警備している。

ミャンマーでは西海岸チャウッピューを起点におよそ一〇〇〇キロ、中国の雲南省へと運ばれるガス管である。

筆者はこの現場で目撃したが、付近は山、高台、そしてパイプラインは土中に埋められている。盗難防止のためだと考えられる。はからずもメキシコの事件は、中国の悩みを浮き彫りにした。

閑話休題。そのイランのチャーバハール港にまたまた中国が抜け目なく割り込んできた。イランの原油輸出の三三%が対中国向けであり、中国は米国のイラン制裁には協力しない。しかしグアダール港はまだフル稼働しておらず、このチャーハバール港のプロジェクトに興味を深め、突如「協力する」と言い出したのだ。習近平国家主席にとっては「シルクロード」の看板として横取りしたい。

この中国の割り込みが明らかとなって、インドは態度豹変《ひょうへん》、米国とインドは日本への協力を要請することになった。

イランをめぐるトランプとペンタゴンの乖離

米国はシェールガスばかりか、サウジ、ロシアを抜いていまや世界一の産油国である。この新しいエネルギー需給関係の転換は国際政治をがらりと変える。つまりこれまでの米国のサウジ重視は、その優先順位が下がることになり、イスラエルを公然と支援してもアラブ産油国はもはや抗議の声も挙げない。

二〇一八年一月十日、カイロにあるアメリカン大学において、中東九カ国歴訪中のポンペオ国務長官が演説した。題して「米国の新しい中東政策のマニフェスト」。

演説の骨子は最初から最後までオバマ前政権の中東政策の失敗を批判し「悲惨なカオスをもたらした。アラブの春の失敗が、シリアの内戦を生んだ。完全な失敗だった。中東は惨状に陥ったのだ」。

新しいマニフェストは何なのかといえば、「イランを完全に封じ込める」の一点張りで、エジプトの軍事政権シシ政府の人権弾圧やサウジのイエーメン介入など、人道的な問題には触れたがらず、またシリア撤退という、米国の政策変更がマティス国防長官の更迭をもたらし、トルコとの関係悪化を随伴してしまった現実にも触れず「われわれはＩＳに勝利した。だから撤退する」と締めくくった。オバマ政権の元幹部は「まるで異星人の話を聞いたようだった」とコメントした。

一方、ジョン・ボルトン大統領補佐官は、「ＩＳの敗北を見極めてから米軍は引き揚げる」としており、政権内部でニュアンスの違いが浮き彫りになった。

トランプ大統領自身は、イスラエル贔屓《びいき》が強く、またアメリカ全体はイスラムへの潜在的敵対感が底流にあり、シリアにいつまでも関わっていてどうするんだという声が、トランプ大統領のシリア撤退を支持する声となっている。

ペンタゴンは慎重に構えつつも、ホンネではＩＳの復活があると読んでおり、急激な撤退には反対している。ペンタゴンとトランプ大統領との間には「隙間風」が吹いている。

オマーン漁場を狙う「一帯一路」の罠

中国はオマーンにも手を伸ばしている。

ホルムズ海峡の隘路《あいろ》、対岸がイランのバンダル・アッバース。サウジアラビア半島側はオマーン（旧国名はマスカット・オマーン）の飛び地である。

ドバイに滞在していたおり、筆者はオマーンの国境まで４ＷＤを疾駆させて行ったことがあるが、荒れた台地に茶褐色の岩肌、農地にもならない曠野《こうや》。それが国境だった。

オマーン本国は、ホルムズ海峡を扼《やく》する飛び地から東南東。アラビア海とインド洋に「7」のような地形でせり出している。海岸線が三一六五キロにも及ぶ。海洋地政学にとって、要衝となるのは当然だ。首都のマスカットから南西南へ五〇〇キロ。ここがインド洋に面するドクムという漁村である。

ドクムを中心とする五万人の漁師たちは二万三〇〇〇隻といわれる小舟にヤマハのモーターを駆動させて漁場を移動し、漁獲類は「干し物」にしてから駱駝《らくだ》の背に乗せ、首都マスカットまで五〇〇キロ、月の砂漠をキャラバンで運搬していた。

この僻地《へきち》の寒村に「一帯一路」を標榜する中国が舌なめずりしながら大々的に進出してきたのである。

中国はこう言った。「ドクムを中東最大の漁業基地にして東アフリカ一帯の漁業センターにしよう」。

オマーンを取り込む「一帯一路」の罠が仕掛けられた。二〇一七年、中国はこのドクムを「免税特区」「輸出工業区」として開発するために一〇七億ドルを投資する、条件は二五年の租借で、更新可能としたいと提案した。この降って湧いたような巨額投資にオマーンはすぐ合意に達した。

オマーンは歳入の五五％を石油に依存している。このため、ほかの産業育成による収入源の確保に魅力がある。しかし中国の隠された企図とは、いずれ漁場拠点の軍港転用であり、ジブチに海軍基地を作ったように覇権を狙う戦略的で、長期の戦略に基づいている。オマーンは絶対君主制、サイード国王の独裁政治だが、一応、名ばかりの議会がある。大政翼賛会的な議会はすぐに中国の案件を諒承し、二〇二〇年完成を目指して工事が始まった。すでに一〇の漁場に冷凍倉庫、魚介類加工、製氷工場などが建設された。

中国は合計四七〇隻の近代的漁船を投入するとしており、一〇の工場がすでに稼働している（二〇一九年一月十一日付「アジア・タイムズ」）。

怒ったのは地元の漁民、零細で小舟による釣りで生計を立ててきたが、大型漁船、冷凍設備を持つ近代船などが近海から魚を収獲すると、地元漁民の生活が成り立たなくなるではないか。オマーン政府は漁民の怒りをいかに静めるか注目が集まっている。

これはマダガスカルで行ったパターンに類似しており、マダガスカル漁民が怒り出して一八年十一月の大統領選挙で親中派大統領が落選した。

中東地政学の鍵を握るトルコ

中東の地政学の鍵を握るのはトルコであろう。

エルドアン大統領は危険な賭《か》けに出た
第一にサウジやUAEと敵対するカタールに梃子入れする。トルコ軍を派遣して共同軍事訓練を敢行した。タミム首長が突如、アンカラを訪問し、「トルコ経済の発展に一五〇億ドルを直接投資する」とぶち挙げた。

第二に中国シフトを鮮明にしてシルクロード建設に積極的な姿勢を強調、米中険悪の状況を攪乱《かくらん》する。中国は抜け目なく、エルドアン路線に飛び乗った。

第三はロシアとの異様な蜜月の演出だ。すでにロシアは原油とガスのパイプラインを南欧向けにトルコ領を横断するプロジェクトを推進している。

新疆ウイグル自治区における一〇〇万人ものウイグル族強制収容と洗脳教育は「ホロコーストと同じだ」「ナチス」と世界中から非難囂々《ごうごう》だが、トルコは沈黙を守ってきた。

イスタンブールのファテー地区はウイグル族の居住区となっており、付近には「楼蘭」などのレストラン、羊肉料理、強い香辛料、イスラムの建物。もちろん地区住民には中国のスパイが混入しており、テロとの関連を警戒している。ウイグルの若者およそ五〇〇〇名から一万名がISに流れたが、その拠点が、このファテー地区とされた。

一八年十月三十一日、移住以来一〇年も同地区に住んできたケルム・マハットは、子供を病院に連れて行き帰宅したところ二〇名の警官に囲まれ、爾来《じらい》、三カ月も拘束された。電話が盗聴されており、ISの関係先の人物と会話した所為で、テロリスト容疑とされたのだった。ということはそれほどトルコ政府が中国に協力的だったのである。しかしウイグル族はチュルク系民族であり、トルコ人の同胞である。

昨夏（一八年）、国連がウイグル族弾圧、強制収容所の問題を明るみに出し、およそ一〇〇万のウイグル族が不当に拘束され、収容所内で洗脳教育を受けていると報告書が提出された。同じ頃、トルコ議会に証言に呼ばれたミルザムと名乗る二九歳の女性は「三カ月、理由もなく収容所に拘束され、ひどい拷問を受けました。あまりの苦痛に『私を殺して』と叫んだほど。げんに収容所内で九名のウイグル女性が死亡しています。釈放され自宅に戻ると三人の子供のうち、四カ月の乳飲み子が死んでいました」。トルコ国内にはこの証言を聞いて民衆が街頭に飛び出し「中国には宗教の自由がない」「ウイグルの文化を尊重しているというのは嘘だ」とプラカードが掲げられた。

同じトルコ系であり、ウイグル族の独立組織がイスタンブールで活躍していたり、そのなかには「東トルキスタン」独立運動もある。世界ウイグル会議は穏健路線を掲げ、米国ワシントンでラビア・カディール女史が穏健路線を謳って人々を率い、世界各地に支部ができている。

またタイに収容されているウイグル族の多くがトルコへの亡命を希望しているが、タイ政府はこのうちの一〇〇名前後を中国へ送還した。このため独裁中国にへりくだったタイも国際的に囂々の批判を浴び、同国収容所からマレーシアへ逃げ込んだ若者たちをマハティール政権はイスタンブールに送り届けた。トルコは彼らの亡命を受け入れた。

米国が激しく中国のウイグル族弾圧を非難したのは昨秋十月四日のペンス副大統領演説からだが、ようやくにしてトルコのエルドアン政権は重い腰を上げた。

エルドアン大統領は「中国のウイグル族弾圧は人類の恥」と発言した。トルコの指導者の多くは「これほどの不道徳があろうか」と訴えた。

二〇〇九年のウイグル族虐殺事件当時、首相だったエルドアンは「これはジェノサイドだ」と非難した。その後、中国からの投資を前にして、エルドアンは中国を批判しなかった。このトルコの態度変更は周辺の中東諸国から歓迎された。中東諸国にも中国の札束外交の魔手で、しばらくウイグル族弾圧に無言だった。しかし最近は中国共産党への抗議デモが各地で組織されるようになり、「人類の恥」「ナチスより酷い」というプラカードが並ぶ風景が見られるようになった。中国は悪印象を払拭《ふっしょく》しようとして「収容所内では再就労教育、訓練プログラムと実践が行われており、中国はウイグルの文化を保護している」などと反論した。しかし誰も信用しなかった。中東諸国は一帯一路の裏に隠された中国の覇権を警戒し始め、「アジア諸国の失敗」に学び、「借金の罠」に陥落しないようにとの共通の認識を抱くようになった。

原油の航行ルートは安全か

イランの原油輸入禁止は二〇一八年十一月六日から施行された。イラン輸出の七〇%、五〇〇億ドル相当が失われるため、イランの通貨はたちまち五〇%下落した。

八月一日、ハイファの海軍幹部学校卒業式に臨んだイスラエルのネタニヤフ首相は「もしイエーメンの武装組織『フーシ』（イランの代理兵といわれる）が、攻撃を続けるのであれば、イスラエルとしては選択肢が狭まり、多国籍軍あるいは有志連合が組織された場合は躊躇《ちゅうちょ》なく参加する用意がある」と演説した。

なぜイスラエルが紅海ルートの防衛にまで興味を示したのか？

発端はサウジアラビアのタンカー二隻が、バブエルマンデブ海峡を通過中、イエーメンからのミサイル攻撃を受け、うち一隻が被弾し、サウジが「当面の間、紅海ルートからの原油運搬を取りやめる」としたことだった（一八年七月）。

世界は石油価格高騰に直面しており、この軍事衝突に大きな危惧《きぐ》の念を抱いた。サウジは原油の積み出しをホルムズ海峡側とジェッダ港がある紅海ルートに二分して、安全保障上の担保をはかってきた。

バブエルマンデブ海峡は紅海の出入り口にある。ホルムズ海峡と同様に狭窄《きょうさく》な海峡で、幅は二九キロ、イエーメンの対岸はジブチとエリトリアである。イエーメンの内戦が泥沼化しているのは、サウジが介入し、「フーシ」がミサイルを持ち込んでさらに激化した。

新興国エリトリアはエチオピアの出口に位置し、ジブチには米軍基地、日本の自衛隊、英国軍に加えて中国人民解放軍の軍事基地がある。

これらの軍事力はアデン湾の海賊退治を主任務に日夜警戒し、タンカーなどの安全航行を護衛している。この航路を通る船舶は夥《おびただ》しく、アデン湾からスエズ運河を抜ける。とりわけ原油タンカーが一日に四八〇万バーレルを運ぶ、最もクリティカル（危険）な航路である。

一方、ホルムズ海峡に関しては、イランが米国の経済制裁に対応し、閉鎖する用意があるといえば、ポンペオ国務長官は「イランを支配するのはマフィア。経済制裁を強化する」などと言葉の戦争をエスカレートさせる一方で、トランプ大統領は唐突に「イランの指導者といつでも会談する」とした。双方とも何をしでかすか分からない人がトップに座っているため不安が増大する。

日本の資源ルートの脆弱性と、エネルギー依存源の分散化については、過去半世紀にわたり指摘されてきた。

日本と対照的な戦略をとる中国はどうか。二〇一七年以降だけで見ても中国はオマーンのドクム港開発へ一〇七億ドルの投資、アブダビ工業団地へ三億ドルの投資など湾岸地域やその周辺国への進出を加速している。

イラクやクエート、サウジアラビア、UAEからも大量の石油を輸入している中国は、シルクロード構想の一環として湾岸諸国への梃子入れも怠らない。アブダビ国営石油会社は三つの油田の権益を中国石油天然気集団（CNPC）の子会社ペトロ・チャイナに与えた。

イランでは二〇〇八年頃から中国石油化工（シノペック）が南部のヤダバラン油田開発を主導し、南パルス・ガス田もフランス石油大手トタル社からちゃっかりと鉱区開発権を取得した。

イランもイラクもクエートもそしてカタールもUAEも中国国有企業の莫大な投資を求

中東の地図

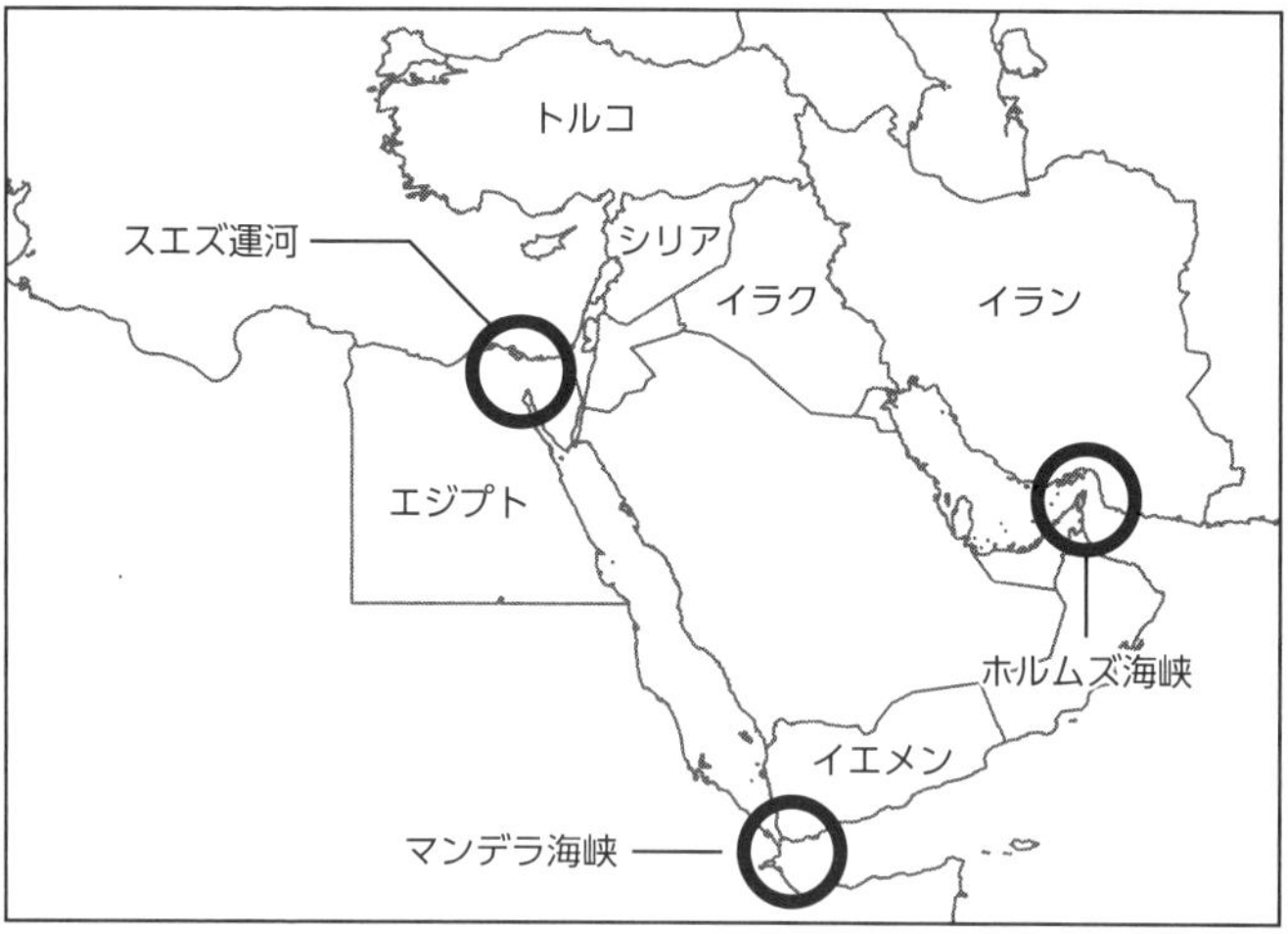

めている。中国はいま、着実に中東の油田を抑え、既存の中東秩序を攪乱している。

二〇一九年一月二十二日、国連安保理事会で報告に立ったイスラエルのダニー・ダノン国連大使は「イランがテロリスト組織へ供給している軍資金は年間七〇億ドルに達している」と具体例を詳細な数字で挙げた。

同大使によれば、イランはシリアのテロリストに四〇億ドル、レバノンのテロ組織に一〇億ドル、そしてガザのハマスに五〇〇〇万ドル、ほかイスラミック・ジハードに七〇〇〇万ドルとした（二〇一九年一月二十三日付「エルサレム・ポスト」）。

ガザへはエジプトからの兵站ルートとして幾つかのトンネルが発見されているが、レバノンにもイスラエル攻撃用のトンネルが掘られており、これら土木工事の機材や労働者の代金にも転用された。またイエーメンのテロ組織（「アラビア半島のアルカイーダ」など）にはイラクを通過してレバノンに盤踞《ばんきょ》する「ヒズボラ」の銀行口座へ送金を繰り返していると述べ、「安保理事会加盟国はイランの制裁に加わるべきではないか」と呼びかけた。

他方、サウジアラビアはバブエマンデブ海峡通過中だったタンカーがイエーメン側から発射されたミサイル攻撃で損壊された事件を重視し、近代兵器がイエーメンのテロ組織にイランから密輸されているとした。

サウジアラビアは対イエーメン戦争のために年間六〇〇億ドルを投じているとされ、これだけでも日本の防衛予算より多い。

紛争、軍事衝突が続く限り、そして憲法改正がままならない限り、日本の出番はないが、反比例して中国が暗躍する舞台は拡がるのである。

アフリカ開発銀行が中国の「借金の罠」に警告

ここからはアフリカを見て行きたい。

アフリカ開発銀行（ＡＦＤＢ）も中国の「借金の罠」に気をつけようと警告を発し、とくにジブチ、ナイジェリア、スーダンなど金融破綻《はたん》が近いとした。

国際通貨基金（ＩＭＦ）・世界銀行は中国から膨大な借金を抱え込んだパキスタン、モルディブ、スリランカなど一五カ国を「債務超過」として名前を挙げるレポートを出したが、アフリカ開発銀行もこれに倣《なら》った。

とくにＡＦＤＢは域内の破産可能性国家としてジブチを挙げ「中国の借金による悪性の財政難に瀕《ひん》している」とした。

二〇一七年のアフリカの債券市場はユーロ債券で溢れていた。およそ七〇〇億ユーロから一〇〇〇億ユーロの範囲で、アフリカ諸国の債券が取引され、次に中国のマネーが流入した。単年度で負債がＧＤＰの五％以内なら、一応の基準と観るのがＡＦＤＢで、ＥＵは三％である。

全般的に東アフリカはＧＤＰ成長率が平均六％、エチオピア、ルワンダ、タンザニアなどが成長を固めていたが南スーダンの内戦勃発《ぼっぱつ》で、「優等生」と言われたケニアを含み、どの国も低成長に陥った。

西アフリカも原油価格下落でナイジェリアが挫折、部族闘争が再燃し、付近のセネガル、コートジボワールなどが不況の再来となった。

南部アフリカでも南アが経済的停滞にあって周辺国の成長は望み薄であり、アンゴラは付加価値税を導入し歳入不足を補う。ほかの国々は歳入が予算の七五％を満たせず、不足分を中国からのオファーに飛び乗る形で経済発展にしがみつこうとする。南アフリカはまもなく大統領選挙を迎え、消費物価の値上がりを抑え込む政権は焦りを見せている。ナイジェリアは二月下旬の選挙で現職大統領が再選された。

それでも中国はアフリカ投資に強気なのだ。

中国から多大な支援を受けると政変が起こる

「中国アフリカ協力フォーラム」で、習近平国家主席は演説した。

「私たちは虚栄で援助しているのではない。政治的野心も抱いておらず、国際政治上の利益を求めるものではない」。この言葉を額面通りに受け取れば一五世紀の鄭和《ていわ》の大艦隊派遣の再来となる。

習近平国家主席はさらに「中国は各国の工業の基幹となるインフラ建設に協力する」と目的を語った。実際に中国は二〇〇〇年から二〇一六年までにアフリカ諸国に一二五〇億ドルを融資している。大半が焦げ付きになっていると想定される。

アフリカの旧宗主国＝欧米を越えた最大の融資国、貿易相手国となり、アフリカの七つの国には工業特区を建設、またジブチには海外基地を置いた。ジブチのほか、エチオピア、コンゴ、ザンビアの中国への債務額が際立つようになった。

二〇一七年度の中国とアフリカの貿易は一四％増の一七〇〇億ドルに達しており、中国は農作物を輸入し、多くの消費物資ならびに防衛協力と称して武器を輸出した。会議では一五〇億ドル融資は無利子とし、二〇〇億ドルの信用枠供与、一〇〇億ドルを開発支援、そして五〇億ドルをアフリカ諸国からの輸入に使うとした。またモーリシャスとはアフリカ諸国で初のＦＴＡを締結したと発表された。二〇一八年七月に習近平国家主席はルアンダ、セネガル、南ア、モーリシャスを歴訪している。

中国の知識人の多くは「国内に貧乏な中国人が生活に苦しんでいるというのに、なぜ遠いアフリカに巨額を援助するのか？」と習近平外交への批判を強めている。

習近平国家主席が満を持して六〇〇億ドルを投じると大言壮語した「中国アフリカ協力フォーラム」の会期中、中国が輸入した豚に「アフリカ豚コレラ」が発生し、豚肉パニックが起こった。習近平国家主席の「晴れ舞台」が呪われた会議に暗転した。三年ごとに開催されている「中国アフリカ協力フォーラム」は二〇一八年九月三日から北京にアフリカ指導者を一堂に会して開始され、アフリカ五四カ国のうち、エスワティニ（旧スワジラン

アフリカでの中国の主な進出状況

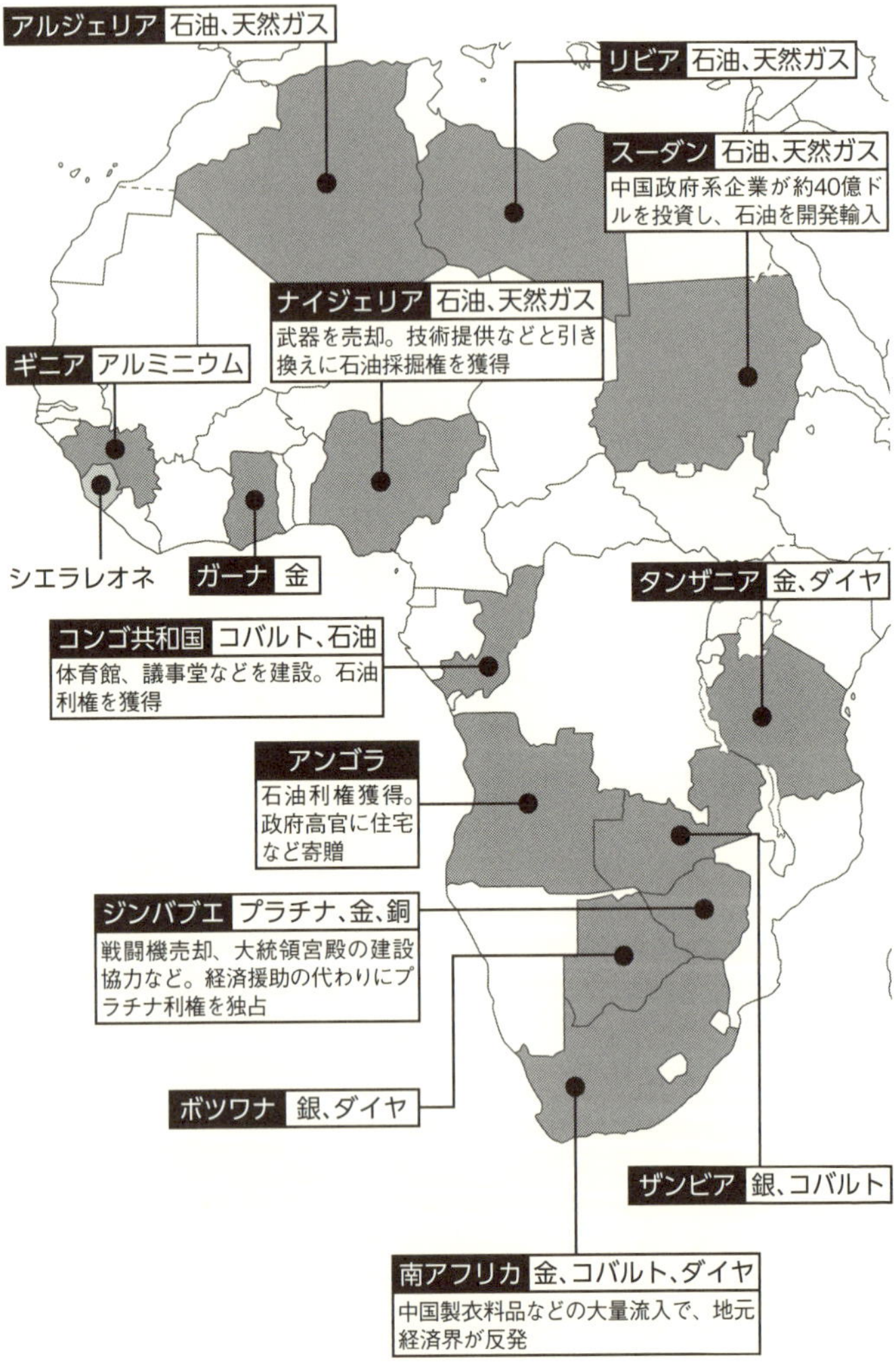

ド。台湾と国交がある）を除く五三カ国が加盟、このうち五〇カ国の指導者が北京へ飛んできた。

習近平国家主席は得意顔で、「中国は今後三年間で、総額六〇〇億ドルを援助する」と高らかなアナウンス。本当に実現するかどうかは別にして、この巨額は日本がアフリカ開発会議（ＴＩＣＡＤ）で表明した三〇〇億ドルの二倍である（日本は国際公約はかならず守るが、中国は守らない。前述したように六〇〇億ドルと言っても、実施されたのは八八億ドル。こんどの六〇〇億ドルも、前回の積み残しを加えて巨額に見せかけているにすぎない）。

習近平国家主席は「中国アフリカ協力フォーラム」開会式で「中国は永遠にアフリカの良き友人で、誰もこの強い団結を破壊できない」とし、要するに究極の狙いであるＢＲＩ（一帯一路）の意義を再確認した。

だが、中国から多大な支援をうっかり受けると、政変が起こる。

リビアではカダフィが転覆した。ジンバブエでは中国が全面支援したムガベ大統領の独裁が終わった。スーダンは南北に分裂した。いまケニア、タンザニア、アンゴラなどで中国批判が盛んである。

「反中」が票になったシエラレオネ、抗議運動が起きたザンビア

シエラレオネもそうだ。

さて、この国はどこにあるか？　正確に地図を指《さ》せる読者は少ないだろう。アフリカ西海岸。元英国植民地。特産はダイヤモンドとココア。世界に悪名が拡がったのはエボラ熱。隣のリベリアと並んでダイヤモンドを産出し、なかよくエボラ熱パニックに襲われ、同国だけでおよそ四〇〇〇名が死んだ。

一人あたりのGDPが四七〇ドル（二〇一六年、世界銀行）しかない最貧地域で、それなのに軍事クーデターが頻発するという特色もある。なにしろシエラレオネという国の名前は「獅子《しし》の山」という意味だそうな。

二〇一八年五月に大統領選挙があって、ジュリアス・マーダ・ビオが与党候補を破って大統領に当選した。彼が掲げたのは「中国が支援する空港建設プロジェクトはインチキ、だから中止する」と唱えて選挙戦に勝った。

つまり「反中」が票に結びついたのだ。

選挙で中国を批判すると当選する。スリランカでマレーシアでパキスタンで、そしてモ

ルディブでマダガスカルで親中派の現職が落選したことと共通する。

中国の掲げた「シルクロード」、五〇％がキャンセルの憂き目をみており、この無駄なプロジェクトに投下されたカネは三〇〇億ドルに達する。


ザンビアの首都ルサカでも中国に激しく抗議するデモが行われた。「中国はヒトラーと同じ」などのプラカードが掲げられた。Tシャツには、「中国にノーと言おう」というスローガン。エドガー・ルング大統領は中国からの巨額の融資を受ける計画を持ち、これに反対している政党や反対グループは多い。彼らは中国の巨大プロジェクトが以前から脆弱なザンビア経済をさらに悪化させるのではないかと懸念を抱く。

ザンビアは中国の融資による建設ラッシュが続き、空港、道路、工場、警察署などが普請中だが、いずれ電力会社から通信企業、空港管理権も乗っ取られそうと危惧《きぐ》する声が強くなり、野党は「中国の意図はザンビアからの収奪である。まさに犯罪的な債務を通じて、わが国の経済を乗っ取った」と訴えた。

ザンビアの対外債務は一〇〇億ドル強と公表されているが、裏融資などがあってすでに債務不履行を繰り返し、ＩＭＦは警告を発している。

アジスアベバ～ジブチ間の電化鉄道も怪しくなってきた

中国の輸出保険を担う「SINOSURE」の幹部は、「アジスアベバからジブチへの貨物鉄道建設でも、すでに一〇億ドルが失われた」とする報告をした。加えて「ほとんどのプロジェクトは財務的に不適切であり、最悪の事態を回避するために規模を縮小する必要がある」との見解を出している。

エチオピアの首都アジスアベバから海岸の貿易中継拠点となるジブチまで七五六キロの電化プロジェクトであり、中国輸出入銀行が三三億ドルを融資した。すでに一〇億ドルが途中で忽然《こつぜん》と消え、工事は進まず、先行きは不透明になった。

こうしたプロジェクト金融を保険でカバーする「SINOSURE」社など貿易保険大手は真っ青である。もし債務不履行（デフォルト）となると巨額の損失が明らかであり、過去一〇年だけでも二〇〇億ドルの損失をカバーした。

ことほど左様に中国の宣伝とは裏腹の事実が世界各地で起きている。メディアはこれらの動向を詳細に伝えないため全体像が把握できない日本人が多い。

第七章 「情報戦」で敗退する日本、復活の道を探ろう

次世代技術への無知は日本を滅ぼす

日本ほど情報戦に劣った国はないのではないか。なにしろ米国や先進諸国にある国家安全情報部門に類する部署がない。CIAに匹敵する情報機関がない。そればかりか普通の国ならどこにでもある「スパイ防止法」がない。だから外国人の代理人が大手を振って活躍している。

ワシントンの有力シンクタンクCSISは「中国のシルクロードは、情報の安全が疑わしい。サイバー・セキュリティの分野で関連諸国は脅かされている」とする報告を出した。シルクロードは「デジタル・シルクロード」というわけだ。

「日米ならびに西側列強は、ファーウェイ、百度、アリババなどが関与するプロジェクト

に対抗するための共同の作業を検討しなければならない。早急にアジア諸国にデジタル投資を積極化するべきである」と提言しているのである。

またシンクタンク「国際政治改良財団」のロバート・アトキンス理事長は「いま西側が団結して、中国のデジタル・シルクロードに対抗しなければ、一〇年以内に世界は中国の5Gシステムに支配されてしまうだろう」と戦闘的な考慮を促した。

なぜこうまでも米国は中国の5Gプロジェクトを排除するかと言えば、単に技術的な高速化、大容量（従来のスマホの一〇〇倍のデータが送れる）の視座からではなく、もし中国が先に5Gを完成させると、インフラ・テロが現実となり、米中の軍事バランスが徹底的に崩れるからだ。

前章までに述べたように、中国がパキスタンのグアダール港から人民解放軍一万を駐屯させているアフリカのジブチまで六二〇〇キロの海底ケーブルを工事している事実が判明、アフリカと中東の通信市場も、独占する野心が見えてきた。

ここまで脅威が迫っているというのに、日本の反応は鈍いうえ、主要メディアの分析は見当違いも甚だしい。

国内メディアはあたかも外国の代理人のような主観的報道をなして、情報の受け手を洗脳する（脱線だがちょっとした例外もある。二〇一九年一月二十七日早朝に放送されたＮＨＫ

の「辺野古に住んでみえてきたもの」は、「メディアは県外から来て、なんで基地の前しか取材せんとね」と不信感を剥《む》き出しの沖縄の声、辺野古の住民のほとんどが米軍基地移転に賛成しており、テント前に陣取って反対のシュプレヒコールをしているのは沖縄県外のよそ者が動員されているという実態を左翼のNHKが暴いたのだ。メディアの偏向をメディアの内側から暴露した結果となって、いかに日本の情報が操作されていたかを多くの国民が改めて知った)。

米国は「ファーウェイがスパイ機関」と断定したことは何度も述べてきた。ファーウェイの創業者・任正非は、根っからの軍人である。当初から人民解放軍のダミー、別働隊と言われたが、民間企業を装って西側のハイテク企業との連携を深め、技術を片っ端から盗み出してその地位を固めてきた。スマホで世界第二位、基地局で世界三位。もはや侮れない大企業に変身していた。

筆者の経験でもまさかと思われたのだが、東ティモールの山奥で原住民がファーウェイのスマホを駆使していた。ミャンマーの未開地、ロヒンギャの居住区だったシットウェーとか、チャウピューとかの貧しい漁村にさえ、ファーウェイとオッポ（中国の格安スマホ）の販売店があった。

日本にもファーウェイ工場があり、他のスマホと比べると廉価ゆえにかなり売れている。しかし機器のなかにスパイウェアが埋め込まれたり、バックドアから個人情報が中国の情報機関に送られている。繰り返すが米国はファーウェイを「スパイ機関」と認定した。ハイテク移転ではなく、ファーウェイは「ハイテク泥棒」であると定義づけたのだ。

日本で暗躍するスパイの実態

深田萌絵著『日本のＩＴ産業が中国に盗まれている』（ワック）は、ハイテクになじみのない読者にとってはやや専門すぎるタームの頻出に驚かれるかもしれないが、最大の驚きはこのスパイ機関＝ファーウェイを日本の政府、機関、シンクタンク、そしてメディアが、本質を見ないで枝葉だけをもぎ取って「中国凄《すご》い」という視点で論じてきたことへの告発である。

日本が中国のＩＴ技術の草刈り場となり、ハニートラップに引っかかって中国の代理人に成り下がった日本人が夥《おびただ》しい。これは宣戦布告なき、一方的な中国の諜報戦である。深田萌絵氏は「台湾、北朝鮮、中国」という闇《やみ》のコネクションが存在しており、この裏舞台、闇の繋《つな》がりが国際的に複雑なルートを通じて連携しかつ民間企業を偽装し、軍事技術の取得に余念がないという実態を克明に追跡している。

米国においてさえハイテク企業で最高経営責任者（ＣＥＯ）のトランプ支持者が狙われ、

このところ連続して失脚している。日本企業は「自社企業に浸透した台湾、中国からの報復を怖れて誰も何も語ろうとしない」という現実に直面しているともいう。これは私たちの周囲にすでに中国人がどこにでもいることからも判定できる。「日本国内の基地局は米国政府が調達を禁止しているファーウェイの製品が過半をしめている」。

もっと驚きなのはすでに日本政府機関に夥しい中国の工作員が潜入している事実だ。例えば、「日本の国立研究開発法人『情報通信研究機構』に北（朝鮮）・中国・イランの工作員が入り込み、〝仲良く〟衛星ハッキングのための工作活動を行っていた」（同前）。

このような事実をなぜ日本のジャーナリストたちは黙殺、あるいは軽視してきたのか。日本のジャーナリストはレベルが低く、メディアの質の劣化が甚だしい。かねてから朝日新聞は左翼のアジビラ、NHKは中国代理放送と筆者は譬喩《ひゆ》してきた。

フェイクニュースを日夜量産して、今日も反省の色なし、彼らは「予見」が先にあって、その目的のために情報をでっち上げたり、談話の部分だけを肥大化させたり、事実を曲解、歪曲《わいきょく》、針小棒大がお得意、つまり情報を報道する機関ではなく、一部の偏向した主張を押しつける。客観性に重きを置かないという文脈では中国や北朝鮮のメディアと変わらない。

情報とは第一に速さ、第二に正確さ、そして第三は誰よりも早く入手した、その正確な情報を分析判断し、いかに迅速に次の行動に移れるかというアクションを伴う。それが「情報学」の基礎であり、日本が戦後失ったメディアの存在理由の基本である。

歴史的な典型例を一つだけ挙げると、ロスチャイルドの情報活用術である。英仏戦争でワーテルローの戦争現場に、ロスチャイルドは自分のエージェントを二人派遣して、いち早く英国勝利の情報を掴《つか》んでいた。ところが彼は取引所に現れるや債券を売り始めた。投資家はロスチャイルドの売りに狼狽《ろうばい》し、本当は高値になるはずの債券を急いで売却した。底値となったところでロスチャイルドは大量に購入し、天文学的な財を築いた。つまり、正しい情報を迅速に入手し、それを有効に行使するノウハウの原点がここにある。

日本の「ジャーナリスト」を僭称《せんしょう》する人たちは何を勘違いしてきたのか。いや、この基本的情報学原則をたたき壊してきたのは朝日新聞に代表される日本の左翼リベラルなメディアであり、それに協力してきた「ブンカジン」だったのではないのか。

髙山正之と阿比留瑠比の共著『マスメディアの罪と罰』（ワニブックス）では実名が上がる。田原総一朗、池上彰、青木理ほか。ジャーナリストでも東京新聞の望月某《なにがし》女とか、俎上《そじょう》に乗せられて一瞬にして葬られる。

戦前、軍とべったりだった朝日は戦後、なぜ、一夜にしてひどく歪んだのか。

GHQは新聞用紙配給で、GHQに逆らう新聞社には供給しないというあくどい手段を講じた。このため一九四五年九月十八日、朝日新聞は二日間の発行停止となった。

その後、「朝日新聞はGHQに絶対の忠誠を誓った紙面で再登場してきた。（中略）GHQの広報紙新社」だったと高山が舌鋒《ぜっぽう》鋭く言えば、阿比留は「マスコミが反権力」というのが、そもそも錯誤であり、マスコミの第一の使命とは「事実を知らせること」であり、その過程で権力を監視したり反権力の立場になることもあるだろうが第二義的なことなのであると本質をズバリついている。

『孫子』を見直せ

現代日本人の「情報学」への理解は世界最低、先進国の仲間から日本が転落するとしたら列強の情報戦に敗北することが原因となるだろう。

なにしろ偽情報、捏造《ねつぞう》、プロパガンダに振り回されている政治の劣悪さ！

「情報」はインフォメーション、広報、そして昨今流行語のフェイクニュースなどを含み、その解釈、あるいは定義づけが混乱の極みにある。現代日本語の「情報」には「インテリジェンス」も含んでいる。語彙《ごい》の濫用《らんよう》である。

中国では「情報」という語彙は「諜報」の意味であり、ならば日本語的ニュアンスの

「情報」は「消息」である。したがってインテリジェンスは「諜報」と理解したほうが良い。

実は日本でも戦国から徳川幕府にかけて武士には諜報ノウハウの伝統があり、その情報戦争の奥義への理解は深く、また武田信玄も徳川家康も愛読書の一つが『孫子《そんし》』だった。この伝統が日清・日露から大東亜戦争まで日本の指導層には継続していた。

武田信玄の「風林火山」は『孫子』が原典、諜報、謀略の行使に関して言えば織田信長に卓抜なる才能があった。今川義元を、様々な事前工作と諜報、フェイクニュースなどで騙《だま》し、隘路《あいろ》となっている桶狭間《おけはざま》に、まんまとおびき寄せた。これは信長の「幸運」とか「乾坤一擲《けんこんいってき》の勝負」とかの英雄物語ではなく、そのインテリジェンス戦術という重要な側面を見る必要がある（拙著『日本と世界を動かす悪の孫子』ビジネス社参照）。

信長の遣り方を横で見ていた秀吉はフェイクニュースと嘘物語を適宜でっち上げる天才、いまの中国の諜報機関でも舌を巻くほどの謀略家だった。だがこのダークサイドは『太閤記』などが消し去った。だから秀吉物語は異例の出世、明るい英雄というイメージになってしまった。冥界《めいかい》で秀吉は哄笑《こうしょう》しているに違いない。

日本は戦時中に「陸軍中野学校」を設立し、情報、諜報、謀略の専門家を育成した。とくに岩畔豪雄《いわくろひでお》の凄まじい活躍は斯界《しかい》で知られるが、いまの日本人は名前さえ知らないだろう。岩畔は戦後も活躍し、国際政治学者の若泉敬《けい》らを育てた。幕末に諜報の重要性を力説した人物は、誰あろう、かの吉田松陰《しょういん》だった。

『孫子』は現代日本でまことにへんてこな読まれ方をしている。国家安全保障の研究の参考ではなく、まして国家一〇〇年の戦略論として読まれない。日本にはインテリジェンス機関がないため『孫子』は、ビジネス、経営の指南書として転用され、おおがかりな誤解が繰り返されている。

『吉田松陰全集』の第五巻に『孫子評註』の全文が収録されている。吉田松陰は松下村《しょうかそん》塾《じゅく》では『孔子』、『孟子』に加えて、『孫子』も教え、仲間と論評し合い、評注を加え、野山獄から江戸に送られる直前に脱稿、その原稿を久坂玄瑞《くさかげんずい》に託した。久坂は周知のように松陰の妹と結婚していた。

その後、久坂は京都で「戦死」し、高杉は下関で病に倒れた。だが、明治維新がなって、思想的源流としての松陰評価が始まると、松陰の『孫子評註』が世に出た。この書物に最も感動して私家版を印刷し、有識者に配布したのは乃木希典《のぎまれすけ》だった。日清・日露の戦役前に軍隊の主要な人たちが読んでいた。

松陰は兵学者であり、先師は山鹿素行《やまがそこう》であり、藩主に講義したほど古典に通暁していた。しかも鎖国攘夷《じょうい》の過激派と誤解されがちだが、ペリーの黒船に乗り込んで米国へ密航を企てたほどインテリジェンス重視を説いた。藩も動かないなら、自らが間者として実践しようとしたほどの蛮勇さも持ち合わせた。陰で松陰を支援し軍資金を与えていたのは佐久間象山《さくましょうざん》だった。

一般的な日本人は「剥き出しの権謀術数や、不信に満ちた人間観」という先入観で読むから「孫子は何と卑怯《ひきょう》で悪いことを説く人間かと、呆れてしまった」のだ。

「孫子は駆け引き、謀略、心理情報戦を駆使し、戦力の確保に努めながらも直接的な戦いは可能な限り避けて、味方も敵も利用しようとする。その理想型は『戦わずして勝つ』である」（森田吉彦『吉田松陰「孫子評註」を読む』、ＰＨＰ新書）

江戸時代は儒学の影響から『孫子』を読んでも遠ざけた。江戸時代には、『孫子』が武士道の正義にそぐわないとして排斥された。

松陰は先師・山鹿素行の孫子論はもとより、ほかの論客の論文を読みこなしており、ときに山鹿素行とは異なる見解を述べている。しかし同時に松陰は武士道を究《きわ》め、朱子学という徳川幕府の公式学問より陽明学を重視した。それゆえに『講孟余話』で「戦う能力を持つから武士なのではなく、国のために命を惜しまない者が武士なのだ」としているあたり明らかに『孫子』の範疇《はんちゅう》を越えた。

こうした情報学に基礎的なことが日本では理解されていない。だから情報戦で中国や韓国に騙されるのである。

5G争奪の裏側、北の漁民は工作員

国際政治の現場の話に戻る。

中国がアメリカから盗み出したファーウェイの5G技術は、いまのスマホの一〇〇倍の容量を誇り、さらにスピードが加速される。そのうえ開発されている量子コンピュータでは複雑な暗号アルゴリズムも一秒以内で解析してしまう。

理科系エンジニアも暗号設計者も不要となるかもしれない。暗号はレオンハルト・オイラー（十八世紀の天才数学者）が近代暗号学の嚆矢《こうし》とされるが、実はそれより早く日本人が「発明」していた。山村明義の『勝つための情報学　バーチャルからリアルへ』（扶桑社新書）は次のことを紹介する。

「（暗号の）関数を発見したのは、江戸時代の和算家である久留島義太（和算家名は「喜内」、一六九六～一七五八）でした。江戸時代の和算のレベルの高さ」

これは人工知能の時代を迎える日本にとって、対応ノウハウの秘密が隠されている。「暗号化」を数式やコンピュータアルゴリズムに頼るのではなく、日本の伝統に基づいてはどうかとする意外な山村氏の示唆は意表を突く提言と思われる。

戦国時代の暗号は和歌の本歌取り同様な教養が必要だった。一例として、和歌の智恵、教養を探りあて下記を紹介している。

紀貫之《きのつらゆき》は「古今集」に、

「小倉山　嶺たちならし　鳴く鹿の　へにけむ秋を　知る人ぞなき」

と残したが、これは「おみなへし」（女郎花）の暗号だった。

ナチスは暗号通信にエニグマを使ったが、日本の暗号はアメリカが見破っていた。真珠湾攻撃を事前にフランクリン・ルーズベルト（ＦＤＲ）が知っていたことはいまや現代史の常識である。

ならばアメリカはどうしたのか。土壇場で数式アルゴリズムに頼らず、インディアンのナボホ族に通信を取らせたのだ。インディアンの言葉など、日本で知るものはいなかった。そこで日本も薩摩弁で、ミッドウェイ以後に軍部内部の通信をしていた記録もあるが、日系アメリカ人で薩摩出身者がアメリカ軍に協力して解読した。

数学ではなく、文化（言語）、そして文字を暗号に使うべきと山村前掲書は言う。たしかに辻原登の小説（『韃靼の馬』）によれば、阿比留文字《あびる》（神代文字の一種）を対馬では半島の倭館、幕府との通信に使用したという。ハングルに似ているという「阿比留文字」は朝鮮官僚もシナ人学者も読めなかった。戦国時代に日本ではインテリジェンス学は確立していた。現代日本の情報戦敗退は文化教養の劣悪さが元凶である。

「事なかれ主義」の官僚システム

中国ばかりか、北朝鮮からもスパイが日本に大量に上陸している。

日本海沿岸に漂着する北の船は「漁民」だけが乗ってきたのか？　すでに一〇〇隻以上、その漂着地と上陸地点は不気味に一致すると指摘するのは荒木和博『北朝鮮の漂着船　海からやってくる新たな脅威』（草思社）である。著者の荒木は志願して予備自衛官になった。動機は「拉致被害者を救出するため」の訓練だった。予備自衛官はどの国にも常識的な国防の制度であり、現職軍人と同数か、それ以上の人員が、非常事態には動員できるシステムになっている。国民皆兵のイスラエルでは緊急事態には全員が戦闘員となる。この世界常識としてのシステムが日本にはない。退役自衛官でも予備自衛官にならない人が多いことは重大な問題だろう。

さて実際に訓練に行くと二つの発見があった、と荒木はいう。

第一に予備知識としてあった「たるんでいる。士気が低い」という情報は嘘で、予備自衛官の訓練でも士気は旺盛、しっかりした種々の訓練をしていること。

第二に予備自衛官の多くが、実は拉致問題に詳しくない、具体的な情報を持っていないという驚くべき事実だった。

日本の官僚システムの「事なかれ主義」、つまり「なかったことにする」体質である。国家の存立基盤である国防に関しての重要な案件を国会で誰も正面から議論したがらず、いつまでも国防体制強化に踏み切れないのは、軍事的脅威を隠蔽《いんぺい》する体質が官僚機構にあるからだ。

日本海沿岸に漂着する北の船には漁民だけが乗っているのではない。工作員が多数含まれているが、工作員である必要さえない。誰でも日本にひそかに上陸できるのだ。警備が未整備だからである。

フランスにはおよそ八〇万人の中国人が居住している。日本並みだが、これはベトナム戦争と関係が深い。

フランスへの華人の移民は第一次世界大戦による人手不足が原因で、主として「出稼ぎ移民」、主力は広東省の潮州からだった。潮州は香港最大財閥となった李嘉誠《りかせい》の出身地で、潮州へ行くと面白いことに写真館のモデルは全部、李嘉誠。まるで金儲けの神様の関帝《かんてい》廟《びょう》のような印象がある。

パリで最初のチャイナタウンはリヨン駅周辺で形成され、次のブームは一九七〇年のベトナム戦争が直接の原因となって、旧フランス領のベトナム、ラオス、カンボジアからどっと難民が流れ込んだ。ボートピープルはおよそ二〇〇万、そのうち一〇〇万は海の藻屑《もくず》と消えたが、金塊をうまく持ち出せた華僑もいれば、海賊に巻き上げられたり、犠牲が多かった。そして九〇年代からは中国の改革開放による第三次移民の波が起こり、主役は「中国のユダヤ人」と言われる、かの浙江省の温州出身者。旧満州の東北三省からの不法滞在も目立つようになった。

パリ一三区は庶民の街、ここに形成されたチャイナタウンはロンドンを凌《しの》いでヨーロッパ最大規模の中華街となった。

ここにはベトナム華僑ばかりか、南ベトナム政府関係者からラオス、カンボジア人も多く、白酒、シナチク、中国独特の食材を販売するスーパーマーケットや仏教寺院があって旧正月には獅子舞のパレード、爆竹、物売りの叫び声、阿鼻叫喚《あびきょうかん》。パリにはこのほかに一九区のベルビル通りと一八区のトルシー通り、インドネシア華僑が主力のチャイナタウンがある。

フランス政界への浸透、ハイテク企業への工作員の暗躍が顕著になった。中国のスパイの浸透ぶりは日本や米国だけではないということである。

日本人の自立

日本が立ち直り、主権を回復するにはどうすればいいのか。基本は日本という国家の主体性である。例えば防衛兵器の自主開発について考えると、二〇三〇年代に退役を迎えるF－2の後継機問題が注目された。

二〇一八年十二月八日付けの読売新聞には下記の記事が躍っていた。

「政府は（十二月）七日、『防衛計画の大綱』（防衛大綱）に関する与党ワーキングチーム（WT）の会合で、航空自衛隊のF－2戦闘機の後継機について、日本の主導で早期開発を目指す方針を説明した。国際共同開発も視野に入れる。国内防衛産業の技術力を保つ狙いがある。今月まとめる次期中期防衛力整備計画（中期防）に明記する。具体的な開発計画は数年以内に決める。F－2は約九〇機配備されており、二〇三〇年代に退役が始まる。防衛省は後継機について〈1〉国産開発〈2〉国際共同開発〈3〉既存機の改良――の三案を検討してきた。政府は、空自で導入が進む米国製の最新鋭戦闘機「F35A」について、国内での組み立てをやめる方針も示した。完成機の輸入で、1機あたりの調達価格は約一五三億円から三〇億円程度安くなると見込んでいる。愛知県内の組み立て工場は整備拠点に替わる見通しだ」

もし、そういう事態となると、国内の戦闘機技術は喪失させられる。F－2の後継機は国産か、少なくとも、日本主導による共同開発でなければなるまい。これまでのF－2にしても、「平成のゼロ戦」と言われ、かなりの日本の自主開発がなされていた。

ここでFDRが書き残した命令書を思い出す。戦後、「日本にゼンマイ仕掛けの飛行機を持たせてはならない」とするGHQ命令三〇一号は昭和二十年十一月に発布された。三菱、中島飛行機の生産設備はことごとく打ち壊され、大学では流体力学の講座が禁止され、自主開発の零戦の技術者も設計技師も失業した。占領が終わるまでに日本から航空機を作るエンジニアの伝統が消えていた。

だから戦後初の「国産旅客機」YS11は「国産の名機」という自慢話を聞いたものだったが、実態はエンジンがロールス・ロイス、プロペラはダゥティ・ロートル社と外国製だったのだ。

『主任設計者が明かすF－2戦闘機開発』（並木書房）の著者・神田國一は三菱重工でFS－X設計チームのリーダーだった。防衛装備品初の日米共同開発で作られたF－2戦闘機は、外形こそ米空軍のF－16戦闘機に似ているが、機体構造、材料、とくにソフトウェアの大半は日本主導の開発だった。

ケビン・カーンという外交官が在日米大使館に赴任したあたりから日米共同開発の雲行きは俄《にわ》かにあやしくなった。カーンは「テクノロジー・ナショナリスト」だった。日本に戦闘機技術を渡してはなるものかという溢《あふ》れるような愛国心、つまり日本側からいえば反日家だった。カーンが日本における実態を調査し、連邦議会を動かし、開発中止へワシントン政治を動かそうとした。親日的だったレーガンからCIA長官出身で親中派のブッシュに政権が移行した時期と重なり、手嶋龍一『ニッポンFSXを撃て』は、このカーンの工作開始から描写が始まる。手嶋は従来の誤謬《ごびゅう》を訂正し、過剰な報道に誤りがあり、共同開発はメディアが書いたように「失敗」ではなく、米国が後日評価したように「成功」だったという。

F－2は、米空軍のF－16戦闘機をベースに改造開発された。しかし「日米共同開発」などと言っても情報がすべて米側から開示されなかった。たとえ同盟国であっても、相手から得る物がない限り、すべての手の内を明かさないのが共同開発の実際だ。

日本には炭素系複合材やCCV技術などの先行研究があった。それで日本独自の仕様を満たす戦闘機を完成させることに成功した。

その神田が遺言のように書き残した。「F－2の次の戦闘機、F－3を開発する際に大事なことは、次期戦闘機開発に通用する『新技術を推定する』こと、そして自分たちがこれをF－3に織り込むことができるように『新技術を自家薬籠中のものにする』ことです。（中略）このような努力を積み上げていかないと、継承するべき技術が雲散霧消してしまい、継承できなくなると思われます。FS－X開発を通して、チーム・リーダーとしての私が常に念頭に置いていたのは『F－2の開発技術力をどうやって次の戦闘機開発に継承していくか』ということでした。この開発技術力の継承こそ、あとに続く技術者たちに託しておきたいことです」。

この鉄則さえ、いまの日本人は忘れかけている。

日本の命運を握る米大統領予備選はすでに始まっている

日本の安全の死活問題である日米関係、ワシントンの日本大使館も情報収集能力に問題があることは指摘する必要もないが、米国政治を報道するメディアの偏向も深刻な問題である。

二〇一九年二月六日、トランプ大統領は議会で一般教書演説を行ったが、日本のメディアはおしなべて批判的だった。最初から先入観でトランプ大統領は無能と決めつけているため、何を言っても、客観的に評価する態度を持ち合わせていないからだ。しかし、米国の保守系知識人らは意外に高く評価していたのである。

日本は国家安全保障を事実上、アメリカに依存している。したがって米国の次期大統領が誰になるか、事前に正確な情報を入手し、予測し、対策を立てなければならないことは言うまでもない。二〇一六年、外務省はヒラリー当選は間違いないとしてトランプ陣営に何一つコネクションを作らず、大失態を演じた。安倍首相は独自のルートから直接トランプ大統領に電話し、就任式前にＮＹに飛んで個人的関係を構築した。外務省の手抜かりを安倍首相が個人のコネクションで補完したのだ。

二〇二〇年の米国大統領選挙、はやくも野党民主党では予備選が事実上のスタートを切った。

現時点で最有力の三人はバイデン前副大統領（78）、サンダース上院議員（77）、そしてヒラリー・クリントン元国務長官（72）と「暴走老人」ばかりだ。共和党から民主党に党籍を変更した富豪のマイケル・ブルームバーグも予備選出馬準備中。カネにあかせて派手な広報活動を展開すると最後まで残る可能性もある。

しかしヤングパワーは「老人はもう不要だ」と、無名に近い新人が次々と名乗りを挙げた。無名と言っても上下両院の議員もしくは知事経験者が最低の条件であり、ほかのバックグランドから予備選に出ても勝ち抜くのは難しい熾烈《しれつ》なレースである。

一八年中間選挙では保守の地盤テキサス州の上院議員選挙でテッド・クルーズを追い上げたビートー・オローク下院議員がドングリの背比べでは頭一つのリードだ。鳴り物入りの記者会見だったのはリズ・ウォーレン上院議員。党内過激派のリベラル女性を代弁する。

トランプ大統領の選対本部では、このリズ・ウォーレンとバイデン副大統領を本命と見ているという。

ハワイからトゥルシー・ガバード下院議員（女性。三七歳、美人。しかもサモア出身）。もし彼女が当選すれば史上最年少の大統領となるが、先行きに難がある。次にジュリアン・カストロ（ラテン系、元住宅都市開発長官）。負けじとばかりにカリフォルニアのギリブランド上院議員（女性、リベラル）、カマラ・ハリス上院らも戦列に。さすがに「人種の坩堝《るつぼ》」の米国らしいが、賑やかな弁舌、派手な演出を伴うため全米のメディアは連日、お祭り騒ぎのように報じる。

ハリス上院議員（カリフォルニア州選出）は初の黒人女性の大統領選挙挑戦となる。二〇一九年一月二十一日はマーティン・キング牧師の記念日だった。この日にカマラ・ハリス上院議員が、「二〇二〇大統領選挙」への出馬表明をなしたのは計画的であり、効果的だったが、出馬表明から二四時間で、ハリス選対には一五〇万ドルの寄付が寄せられ、また選挙グッズ（帽子、Tシャツ）などは一一万ドルの売り上げがあった。これは異例なスピードだが、もっと注目すべき点は、大口の寄付はなく、三万五〇〇〇名が平均で三七ドルという少額。文字通りの「草の根選挙」を連想させるからである。

この好調な出だしに「FOXニュース」、「ウォール・ストリート・ジャーナル」などが注目したのは当然にしても、最も派手に取り上げて特筆した世界のメディアがある。インドの有力視『ヒンズスタン・タイムズ』だ（インドは自らをインディアとは呼ばず、「ヒンズー教徒の国」を意味する「ヒンズスタン」という）。

理由はハリス議員がカリブ海出身の黒人とインド系との混血であり、しかもマーティン・キング牧師はインドの無抵抗運動ガンディーを尊敬していたからだ。インドは、米国政治において、国連大使になったニッキー・ヘイリーの誕生のときも、異常なほど熱狂的に報道した。

かくして全米メディアの話題を集めているのは「ウーマンパワー四人組」だ。最先端を走るのが、トランプ陣営が警戒するリズ・ウォーレン上院議員（マサチューセッツ州選出）で、テッド・ケネディの地盤をつぐリベラル。消費者金融問題から政治に目覚め、主婦のときから大学に入り直して法律を学んだ。オバマ政権下でも消費者金融局長に抜擢《ばってき》された。同じく東海岸からはカースティン・ギリブランド上院議員（ＮＹ選出。つまりヒラリーの後釜）。リズと並んで東海岸のリベラルを代表する。

となると西海岸は？　ハリスの出馬表明の前にハワイ州選出のトゥルシー・ガバード下院議員が名乗りを上げたことは述べたが、彼女はサモア系であり、オバマ大統領と同じハワイ出身を「売り」にしている。この四人組が連日メディアをふるわせるので男性の候補者たちの影が薄いことになっているが、かのヒラリー・クリントンとて、まったく出馬を諦《あきら》めたわけでもない。

それにしても民主党候補、そろいもそろってリベラル派ばかりで、反トランプの旗幟《きし》鮮明である。

ところがここで衝撃的な動きが出た。

最大票田のカリフォルニア州が従来の党員集会、コーカス方式をやめて「スーパーチューズディ」に党員投票に切り替える方針だからだ。左翼のメッカでもあるカリフォルニアが予備選最初のアイオア州やニュー・ハンプシャー州と同時に予備選となれば第一は資金、第二に極左リベラル候補が有利になる。民主党内の保守系には予備選を勝ち抜く可能性が低くなってしまうため選択肢が狭まる。

一方、トランプ一色だった共和党は再選を狙うトランプ大統領に正面から挑戦する候補は保守本流のケーシック前オハイオ州知事くらいしかいないという状況だった。

安泰から激動に共和党内の政治が移行したのはメキシコの壁建設費用で与野党がするどく対立し、政府機関閉鎖が長期化したことからで、トランプ大統領が暫定予算を認めて政府機関再開に踏み切るや、これを「敗北」と捉えたメディアに便乗し共和党内の反トランプ陣営が動き出したのだ。

先頭を切ったのはネオコンの指導者ウィリアム・クリストフ氏で、「トランプに替える」候補運動を始めた。またウィリアム・ウェルド氏（前マサチューセッツ州知事、七三歳）が立候補準備に入った。ウェルド氏はかつて第三党＝リバタリアン党の副大統領候補として善戦した経験がある。

ケーシック前オハイオ州知事のほかに、ベン・サッセ上院議員（ネブラスカ州選出）とジェフ・フレーク前上院議員（アリゾナ州）も動き出したと「ニューヨーク・タイムズ」（一月二十七日）が伝えた。同紙は共和党の分裂を歓迎する論調を掲げた。

共和党の分裂、党内対立で保守の支持基盤の鉄票を誇るエバンジュリカル（キリスト教福音主義派）からトランプ支持をやめさせようとする、民主党を間接支援するキャンペーンを展開を開始した。

さて毎年正月に過去一〇年ほど恒例となった「正論の会」で筆者はその年の「外交展望」と題する講演をしてきた。

しかし毎回、冒頭の決まり文句とは「外交展望というのは日本の場合、結局はアメリカの方針に従うことであり、自律的展望は描けない。フォーリン・ポリシーではなくフォローイング・ポリシーがあるのみだ。つまり核兵器を持たず、米国の核の傘で守られている国であるからには、米国が敵と決めた国は、日本に選択肢はなく、自動的に日本の敵となるのである。外交とは情報力と軍事力が基本であり、その二つを欠く日本に自立外交を期待することは不可能である」と、冷淡だが、リアルな情勢から説き起こし、そのたびに日本人として忸怩《じくじ》たる思いに囚われるのである。

いったいこの閉塞《へいそく》的な外交状況、その選択肢の狭窄から自立外交をもとめて立ち上がる日がいつになるのか？

エピローグ　中国発金融危機に備えよ

5G戦争で分断される世界

ファーウェイの排除を決めた米英続き、豪、NZ、そしてカナダ、フランス。日本も政府機関から事実上ファーウェイを締め出すうえ、ソフトバンクもファーウェイ基地局をやめる。ドイツ・テレコムも「ファーウェイ使用を見直す」と再検討に入った。メルケルは独中蜜月時代の終わりを見据え、四年ぶりに日本にやって来た。中国を見切り日本にすり寄ることにしたのだ。

世界市場で孤立無援、四面楚歌《しめんそか》となったファーウェイは、ZTEとともに生き残れるのか？

5G（第五世代移動通信システム）時代を迎えるにあたりシステムのインフラ工事が付帯する地上局の現状を見ると、世界トップのファーウェイが二七・九％のシェアを占めており、四位のZTEが一三％、併せて中国勢は四〇・九％を占めるうえ、世界の三〇の企業と5Gシステムでの地上局建設契約を締結している。

他方、北欧勢の地上局は二位のエリクソン（スウェーデン）が世界シェアの二六・六％、ノキア（フィンランド）が二三・三％で、両社を併せた北欧勢が四九・九％と、世界の地上局の過半を寡占している（ちなみに日本勢はと言えば、NECがわずかに一・四％、富士通は〇・九％と昔日の面影はなく、競合相手とは認定されていないかのようだ）。

米国はファーウェイを「スパイ機関」と認定し、排撃し、同盟国へ同調を促したが、さて地上局とインフラをファーウェイからほかのメーカーに変更するとなると、関連施設からケーブルなど下部構造システムも変更することになり付帯工事は費用が三～四割程度かさ上げされることになる。それでも「ファイブ・アイズ」（米・英・豪・加・NZ）ならびに日・独、仏などのEU列強は、米主導の安全保障の見地から排除するのは当然な流れにしても、発展途上国はそうはいかない。

例えば南アジアの国々へ行くと、ファーウェイ基地局建設費用まで中国の銀行が融資してくれるという「有り難い」条件の下、格安のスマホ普及となれば、やはり世界は米中で二分化へと向かう（詳しくは拙著、渡邉哲也との共著『2019年 大分断する世界』ビジネス社を参照されたし）。

半導体の供給はクアルコム買収失敗と、インテルの半導体供給中断によって、ZTEがスマホの製造が不可能となって悲鳴を挙げたが、追加措置で、米国が台湾UMCを起訴したため、同社の中国工場が事実上立ち上げ不能となった。UMCは福建省のJIHCC工場の立ち上げに全面協力して、製造にノウハウを提供するとして、すでに三〇〇名のエンジニアを派遣していた。つまり事実上の台湾企業が巧妙なかたちで中国での製造拠点化を狙っていたのである。

台湾最大のTSMCも中国における営業生産活動に支障が出ており、ファーウェイは「自社製の半導体態勢を目ざす」「すでに半導体の五割は自社製だ」としたが、その実態はUMCとTSMCの台湾のメーカーを含めたことなのだ。実態は半導体の八七%が輸入である。

鴻海精密工業（フォックスコム）は中国全土で一三〇万人の雇用を半分に減らす。二〇一八年末までにおよそ一〇万人をレイオフ、さらにトランプ大統領と約束した米ウィスコンシン州の新工場も縮小するとしていた。突如、トランプ大統領からCEOの郭台銘《かくたいめい》に電話があって、米国工場は計画通りに建設するとしたが、需要が激減しているため採算ベースに乗せられるか、どうか。

郭台銘は台湾企業「鴻海精密」の創業者とはいえ、両親は山西省からの移民、外省人であり、その中華思想的なメンタリティは北京にある。純粋に台湾企業とは言えない。

ファーウェイがいくら自社製を増やすと豪語しても、根本的には半導体製造設備が米国と日本で寡占しており、もっと細かく見れば、これらの工場の生産過程で必要な稼働モーター、ロボット、コンプレッサーなども日本製だ。ファーウェイと取引のある日本企業は八〇社。ソニー、パナソニックを筆頭に日本電産、村田製作所、安川電機、三菱電機、リコー、ファナックなど錚々《そうそう》たる上場企業が、このところ軒並みに営業利益の下方修正を発表し、連動して株安に見舞われている。ファーウェイ・ショックの悪影響である。

また日本国内でのファーウェイのスマホ販売が急減している。消費者が「使っても大丈夫なのか」疑心暗鬼にかられているからである（ファーウェイがスパイ機関と米国が断定し、日本でも関連の出版や報道が相次いだ）。NTTドコモの販売店ではファーウェイのスマホは数%にすぎないが、「楽天モバイル」は半分がファーウェイ製品である。

米中貿易戦争はトランプ大統領と習近平国家主席で最終的な話し合いが行われ、米中が取引をなした。

しかし貿易戦争は関税率の問題であり、大豆と豚肉が論点というレベルの話である。もっと深刻な問題は次世代ハイテクの覇権をめぐる米中戦争であり、いよいよ5G開発戦争、第二幕が始まる。

しからば日本の半導体業界はいったいどういう現状にあるのか。

一九九〇年の状態を思い出すと、世界一〇傑のうち、トップのＮＥＣ以下、東芝、日立、富士通、三菱、松下（パナソニック）と六社がランク入りしていた。モトローラ、インテル、テキサス・インスツルメントの米社が三社、そしてオランダのフィリップスだった。四半世紀が経って、二〇一七年のランキングを見ると、一〇傑に残るのは東芝だけ。それも東芝メモリーは日米韓のファンドの傘下となって、あとはランク外に「ルネサス」があるだけだ。

ちなみにトップはサムスン（韓国）、以下インテル（米）、ＳＫハイニックス（韓国）、マイクロン（米）、クアルコム（米）、ブロードコム（シンガポール）、テキサス・インスツルメント（米）、ウエスタン・デジタル（米）と続く。

期待された「ルネサス」は、日立と三菱の半導体部門が合併したうえにＮＥＣのエレクトロニクス部門が加わった新社だが、その後も業績は伸び悩み、人員の削減を繰り返し、二〇一八年にはまたも一〇〇〇人を削減する。

「次の金融危機は『従来型』ではない」

ケネス・ロゴフ教授（元ＩＭＦのチーフ・エコノミスト、現在はハーバード大学教授）はジヨセフ・スティグリッツやポール・クルーグマン（いずれもノーベル経済学賞）と果てしなき経済政策論争で知られる経済論壇の重鎮である。

ロゴフはエール大学を首席で卒業し、プリンストン大学からハーバード教授、一時期はIMFからFRB理事を経て、ハーバード教授へ戻った。そのロゴフ教授が英紙『ガーディアン』（二〇一九年二月五日）に寄稿し、次の金融危機を警告した。このコラムには「金融危機は間もなくやってくる」とセンセーショナルなタイトルが冠せられた。

とくにソブリン・デフォルト（国債の破綻）が起こると持論を展開しており、EUのギリシア危機はなんとか回避できたが、次にイタリア、スペインが控えている。欧米の経済学者はアジアに目を向けることが少ないが、世界経済の過半をにぎるアジアにおいて、ソブリン・デフォルトの危機は中国、パキスタン、スリランカに忍び寄っている。

「二〇〇八年の金融危機（リーマンショック）からようやく回復をみた世界経済だが、政治家のいうように『当時より安全なシステムが機能している』という状況は、英国のBREXIT、米国はトランプ政治などの混乱が加わって、確実性は不透明となり、さらには二〇一〇年の『ドッド・フランク法』の成立によって金融システムが脅かされても金融機関の救済は禁止されているからだ」とロゴフ教授は訴える。

リーマンショックでは事実上の銀行救済措置がとられ、米国の銀行・証券界が再編された。その後、金融機関がみごとな回復を示した経過は周知の事実だろう。
しかしロゴフ教授は続ける。

「危機管理は自動運転のパイロットが操縦しているのではなく、移り気な人間が行い、FRBや各国の中央銀行が優秀な金利、通貨政策を採用しているにせよ、人間が関与し、しかも金融当局の能力、守備範囲を越えて（経済システムや金融工学、コンピュータ理論などに疎い）政治家が危機管理の全体に携わっているからだ」

たしかに「各国の中央銀行、通貨当局、経済政策担当の官庁には『備えがある』。しかし、その備えとは従来起こった過去のパターンへの対応策に立脚しているだけだから、新しい金融危機にはおそらく対応できないのである」と示唆する。

であるとすれば、新しい危機は奈辺から生じるのか?

現在の世界的規模の債務残高は二〇〇兆ドルと言われる。米国が金利を上げただけでも、ドルがウォール街に一斉に還流し、ベネズエラは事実上のデフォルト状況に陥った。ロシアは金準備を増やし、ドル資産を劇的に減らした。「これまでとはまったく違う」と教授は強調して次を続ける。

「従来型ではなく、ハッカーによる市場攻撃という不確実性と、主要各国の金利政策が突如異変（世界が一斉に高金利）に陥ったときに、金融危機が起こる」（以上は前掲書から拙訳）とロゴフ教授は警告した。その次世代ハイテクの鍵が5Gにかかっているのだ。

AI（人工知能）による高度産業社会は、ロボット、EV（電気自動車）、5Gという未来社会をすでに予見させているが、今後、直面するのは失業である。急激な産業革命の結果、技術に追いつけない人々の失業を招来するが、ロゴフ教授に拠れば、長期的に見て失業は金融危機の結果であり、歴史的に見ても、悪影響が長期に及ぶという。

国家の債務がGDP比率で九〇％を超えると低成長に陥るという法則については欧米の経済学界では反論のほうが多く、実際に九〇％を超えていたカナダは経済成長を持続できたという実例を挙げてロゴフ論文に反論した。米国は大戦前に九〇％をはるかに超える債務があったにもかかわらず、戦後世界最大の繁栄を謳歌《おうか》できた。したがって「九〇％理論は馬鹿げている」とスティグリッツ教授等は舌鋒鋭く反論したこともあった。

さはさりながらロゴフ教授の警告を、私たちは如何に認識するかで、早めの準備をどうとるかが次の分岐点になるだろう。

危機は目の前に迫った。

［略歴］

宮崎正弘（みやざき　まさひろ）

評論家

1946年金沢生まれ。早稲田大学中退。「日本学生新聞」編集長、雑誌『浪曼』企画室長を経て、貿易会社を経営。82年『もうひとつの資源戦争』（講談社）で論壇へ。国際政治、経済などをテーマに独自の取材で情報を解析する評論を展開。中国ウォッチャーとして知られ、全省にわたり取材活動を続けている。中国、台湾に関する著作は5冊が中国語に翻訳されている。

代表作に『アメリカの「反中」は本気だ！──アジア争奪の米中貿易戦争が始まった』『日本が在日米軍を買収し第七艦隊を吸収・合併する日』『激動の日本近現代史──歴史修正主義の逆襲』『2019年 大分断する世界──アメリカが本気で親中国家を排除する』（いずれもビジネス社）、『中国大分裂』（ネスコ）、『出身地で分かる中国人』（PHP新書）など多数。

余命半年の中国・韓国経済

2019年4月13日　　　第1刷発行

著　者　宮崎正弘

発行者　唐津 隆

発行所　株式会社ビジネス社

〒162-0805　東京都新宿区矢来町114番地 神楽坂高橋ビル5F
電話　03(5227)1602　FAX　03(5227)1603
http://www.business-sha.co.jp

〈装幀・本文組版〉坂本泰宏
〈印刷・製本〉中央精版印刷株式会社
〈編集担当〉佐藤春生　〈営業担当〉山口健志

ISBN978-4-8284-2092-9

ビジネス社の本

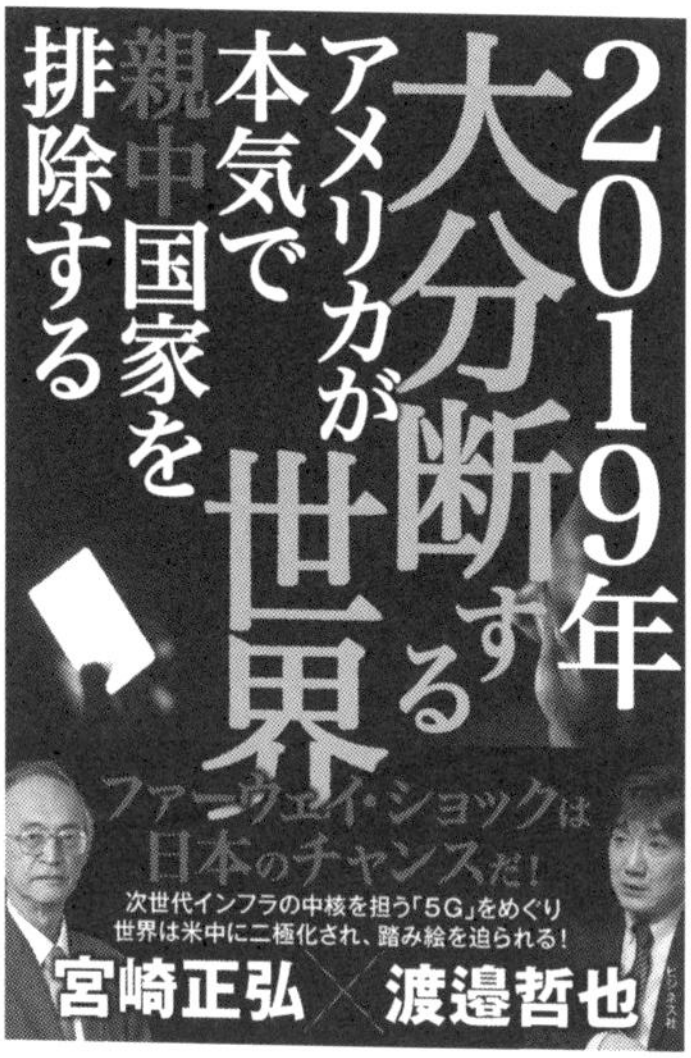

2019年大分断する世界

アメリカが本気で親中国家を排除する

【著】宮崎正弘・渡邉哲也

ファーウェイ・ショックは
日本のチャンスだ！
次世代インフラの中核を担う
「5G」をめぐり世界は米中に二極化され、
踏み絵を迫られる！

本書の内容

序章　米中はAI開発で世界を大分断するだろう——宮崎正弘
第1章　「アメリカの本気」にようやく目覚めた日本企業
第2章　国家破綻前夜を迎える中国経済
第3章　貿易戦争に疲弊し米国へ「朝貢」する習近平
第4章　韓国は日米の「敵国」になる
第5章　GAFAバブル崩壊？　断末魔の独仏は中国と無理心中
第6章　中東大地殻変動、中国大崩壊
終章　ファーウェイ・ショック、そのとき米国の勝利が確定した——渡邉哲也

定価　本体1400円+税

ISBN978-4-8284-2074-5

ビジネス社の本

アメリカの「反中」は本気だ！
アジア争奪の米中貿易戦争が始まった

宮崎正弘……著

定価　本体1300円＋税
ISBN978-4-8284-2032-5

ASEAN諸国の中国シフトに米国は本気で怒った。完全に中国側に転換したラオス、カンボジア、マレーシア、タイ、ミャンマー、ブルネイ。両天秤にかけるフィリピン、インドネシア、シンガポール。そして南アジアでは中国によるインド包囲網が。世界の現場を取材する著者による米中貿易戦争最前線のアジア最新レポート。

本書の内容